從低薪不順到

金錢順流每一天

打破金錢詛咒七步驟，實現財富增長、開展事業、人生強運開掛！

小田桐麻氣

ODAGIRI ASAGI——著

陳維玉——譯

今天也要做便當，真是麻煩啊！
切切切～
錢不省著點用會擔心，得老老實實的存錢才行！
A女(30歲)
我和丈夫的薪水都不高
午餐時間
育嬰假結束回到職場這一刻，我等好久囉！
之後孩子還得花錢，不得不一直工作啊！其實啊！我想跟孩子一起在家裡。
B女(32歲)
這樣呀！
C女(27歲)
跟普通男人結婚，在婚姻和育兒上都得無止盡的忍耐啊……
那間超市很便宜喔！
我不喜歡那樣！我要跟高收入的優質男性結婚，結束這種低月薪的狀態！
意志堅定！
起身！
得在社群軟體上多發些文，宣傳自己「可以當個好太太」才行！
喀嚓喀嚓
C小姐的便當也太美了吧！

【登場人物】

主角 A 女

剛結婚的30歲公司職員。雖然之後想要有個孩子，但現在手頭拮据，正在想方設法節省開支中。對自己未來的經濟狀況也莫名地感到擔憂。

前輩 B 女

和A女同一部門的32歲B女，結束育嬰假回公司上班。她剛開始的心情和A女一樣，但從某一個時間點開始，她每天充滿活力的工作，個人生活也非常充實。有這樣轉變的契機是因為讀了小田桐小姐的書，並開始參加她的講座課程。

後輩 C 女

和A女、B女同一個部門的C女。是個急著想要結婚的單身女子。以尋覓高規格優質男性為目標，積極參加各種結婚聯誼活動。但常常過著隱藏自我情感、忍耐種種事物的生活。C女原本便是個有異性緣的女性，卻裝作很平凡普通……。

小田桐 小姐

從每月實際收入20萬日圓的貧窮、不受歡迎女性上班族到自行創業，目前年營業額4億日圓。現在和最愛的先生、八歲和三歲的兩個女兒住在杜拜。以女性如何更有魅力為主題舉辦許多講座課程，並擁有多本著作和大量粉絲。在社群媒體上的追蹤人數已超過七萬人。

前言

～不知「金錢的真相」，就一輩子無法擺脫「缺錢」的陰影

大家好，我是小田桐麻氣。我曾經和A女、B女、C女一樣有類似的遭遇和相同的想法。

應該盡力成為一個優秀的賢妻良母，工作和家務也都盡量做到最好。

然而，拿到手的薪水卻一直無法超過二十萬日圓。

發薪日前的錢包裡常常只剩幾百日圓，有時甚至沒有存款，還欠了二百萬日圓的債務（囧）。

但那時的我，絕對不是隨隨便便過著馬虎的日子，而是

- **多次嘗試換工作和考取證照，想要努力增加收入**
- **為了減少支出，自己煮飯並使用家庭記帳本記錄下花費來節省開支**

● **拚命參加結婚聯誼相關的活動，希望能嫁給高收入的優質男性**（雖然努力了一年，但完全沒有吸引到任何人……）

儘管如此，無論怎麼努力，薪水還是未能超過二十萬日圓。我沒有特別的才能、也沒有富裕的家庭背景、也無法嫁給高收入優質男性，當時的我覺得「成為有錢人只是個遙不可及的虛幻夢想」。

但當我開始認真面對金錢，了解金錢的真相並改變心態後，我的人生發生了巨大變化！

首先，在三十幾歲的時候，我的年收入達到約五百萬日圓。

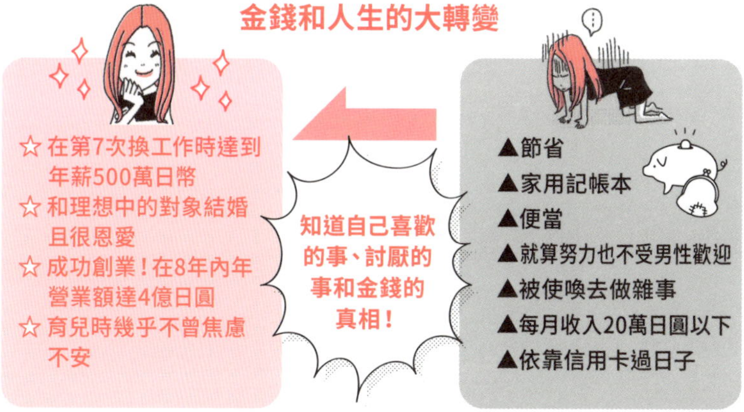
金錢和人生的大轉變
▲節省
▲家用記帳本
▲便當
▲就算努力也不受男性歡迎
▲被使喚去做雜事
▲每月收入20萬日圓以下
▲依靠信用卡過日子
知道自己喜歡的事、討厭的事和金錢的真相！
☆在第7次換工作時達到年薪500萬日幣
☆和理想中的對象結婚且很恩愛
☆成功創業！在8年內年營業額達4億日圓
☆育兒時幾乎不曾焦慮不安

在三十二歲時，因休產假的契機而創業，年收入迅速增加。到今年四十歲時，我的年營業額已經突破了四億日圓。

我現在已經成為社會上所謂的有錢人、富裕階層中的一員。雖然這件事自己講出來好像有點太炫燿。

目前，我在日本和杜拜各經營一家公司，和摯愛的丈夫以及八歲和三歲的兩個孩子一起在杜拜生活。**我能夠靠自己喜歡的事情賺大錢，過著不需要忍耐、和金錢做任何妥協的快樂人生。**

對於曾經在金錢上感到困擾的自己，我有一個深刻的體會，就是「我以前在金錢方面的所有觀念都是錯的！」（囧）

有錢人和沒錢的人之間的差別，不僅僅是實際上擁有的金錢數量不同，而是對金錢的心態和對事物的觀點完全不同。

我之所以能夠擁有現在的財富，並不是因為有什麼特別的才能，而是因為

「改變了對金錢的看法」。

有人會說：「金錢並非人生的全部。」

實際上也確實如此。

但有錢的話，可以解決大部分人生中的煩惱也是一個事實。

- **「工作很痛苦」↓有錢的話，根本不用做不喜歡的工作**
- **「和家人相處不睦」↓花錢改善環境或將家務外包，多數的問題都能解決**
- **「想變漂亮」↓花錢做醫學美容或保養，就可以擁有漂亮的外表，「美麗」是可以打造出來的**

為了讓家人和自己所重視的人們過得幸福，金錢非常重要。

有錢的話，就可以和他們一起擁有更多幸福美好的體驗。

若是看到身邊有人需要幫助時，也能伸出援手。

而且，甚至是「沒有想做的事」這樣的煩惱，有了錢也能解決大部分問題。

因為，如果你面前有十億日圓，想做的事情不是應該會無止境的增加嗎？

換句話說，大多數女性的煩惱，都是只要有錢就能解決。

十年前，當我意識到這一點後，便開始努力認真面對金錢，用正確的方式賺錢和花錢。

我不僅自己努力實踐，還把這些方法和道理分享給其他女性朋友。

結果，現在已有超過一千七百位學員參加我的講座課程。許多女性從完全沒有任何收入開始，因為參加我的講座，到現在每個月能賺到一百萬日圓，這樣的例子多不勝數。

甚至有許多女性一年能賺數千萬甚至一億日圓以上。

無論是我還是她們，原本都沒有什麼特別的才能。

至少在我們第一次見面時，幾乎所有人都因為「自己沒有任何才能，所以無法成為有錢人」而煩惱。

但從那時開始，**透過認真地面對自己和金錢，最終她們都獲得豐裕充實的生活。**

在這個過程中，我深刻體會到，包括以前的自己在內，日本女性對金錢的基本概念在剛開始的狀態下都「完全錯誤」。

可能各位會感到驚訝，全都是錯的嗎？是的，全都是錯的（笑）。
無論是使用金錢的方式還是賺錢的方式，全部都錯。

現在的我即使每年賺超過四億日圓，但也會在當年全部花掉。這在一般人看來幾乎是不可思議的作法，但我正是在過著如此豐足富裕的人生。

看我這樣的花錢方式，經常會有人驚訝地問到：「妳花這麼多錢，要是沒錢了怎麼辦？」

但我相信，無論在什麼時間、在任何情況下，我都能再賺到那麼多錢，所以對花錢毫無恐懼。

這是因為我在過去十多年裡，即使多次陷入無錢的困境，依然全力以赴學習金錢真相的結果。

正如前面提到的，**富有的人和不富有的人之間，最大的不同不是具體存款金額的多寡，而是對金錢的心態和對事物的看法截然不同。**

而這與社會上普遍認為的正確觀念往往相反。

曾經的我，薪水不高、沒有特別的天分、也沒有富裕的家庭背景，不能嫁給高收入、在大企業工作的高規格男性，因此認為自己永遠無法成為有錢人。

但從自己賺取第一個十萬日圓開始，逐漸階段性的增加到一百萬、一千萬、五千萬、一億、四億……，到全部花掉的這個過程，讓我了解到一些事。

那就是**不管現在處於什麼狀態，任何人都能靠自己變得富有。**不僅是我，那些因為與我相遇而能賺進數千萬的女性們也親自證明了這一點。

這本書是為了釋放曾經困住自己，也是現在困住許多日本女性的「金錢詛咒」而寫。

現在輪到你了！

讓我們一起打破對金錢的錯誤觀念，了解金錢的真相，共同擁有富裕充實的人生吧！

目錄

第1章

「存錢、節約、清貧才是美德」這句話是對女性的詛咒

第2章

可以不必壓抑自己的喜好、過自己想要的生活！
～運用金錢和時間的方式，會改變現在和未來的人生

第3章

你也可以實現夢想！不為金錢苦惱的人生第一步驟是？

第 4 章

在不自覺中被剝削時，可以做的事情

第5章 當公司職員也能做到的增加財富準備和建議

第6章 以「有錢人心態×小田桐流」，享受豐富的人生！

第1章

「存錢、節約、清貧才是美德」這句話是對女性的詛咒

三個月後
欸？
B前輩，你今天的午餐好高級！而且好時尚耶！
每日時尚
午餐便當
其實我一直想解決自己在金錢上的煩惱！所以我去找了書來看、也去參加了講座。
然後發現有一種說法是「儲蓄和省錢沒什麼了不起」耶！
就是這個！
登～
男人
金錢
夢想
今天的主題 金錢
從這兩本看來的
どーん
咚～
放下所有
討厭的事
效果驚人！
不顧工作、婚姻、育兒本來就是不可能的事！
小田桐麻氣
從「我必須要……」畢業的一本書
能一手擁有工作、愛情、婚姻、金錢的女性是「依自己喜好生活」的女子
這些是什麼東西？
太奇怪了吧?!
欸欸欸～

因為我知道「有可以對自己喜歡的東西不須忍耐的生活方式」，
所以我就決定來實踐一下啊♪
太耀眼了！
但這樣做的話，錢會花光很可怕耶！
喜歡！
我想要！
什麼都喜歡
什麼都想要！
這個嘛！可不一定會這樣喔…♡
呵呵呵♡
什麼?!
我也想知道！
但是……
不會省錢的女生，在結婚聯誼時不會被選上吧？
結婚以後，跟老公不會吵架嗎？
這個我想要
那個我想買
我討厭亂花錢的太太
夫
這個也不是正確的喔—♪
呵呵呵♡
想知道
欸~~??

金錢的「黑暗困擾期」和意外的轉機

是的，前面B小姐提到的那本書，正是由好像隱瞞了什麼的本人我所寫。

接下來，我將告訴各位如何踏出解決金錢煩惱的第一步。

首先，讓我在此重新分享自己在金錢上極度困窘的黑暗時期，以及自己怎麼擺脫金錢詛咒的契機。

①每月手頭僅有十四萬日圓、和不工作的男友同居

那是我從傳統升學高中畢業後，沒有上大學，十八歲就開始踏入社會工作的時候。我受不了住在家裡時，那位嚴厲又嘮叨的母親，便與大我一歲的男友私奔同居。當時的我可能可以名列日本極度窮困者的前幾名吧？（笑）

● 實際領到的薪水每月僅有十四萬日圓

● 和不工作的男友同居，自己要負擔兩人的生活費用

● 我們住在神奈川縣郊外、一間月租四萬日圓的破舊公寓裡，連淋浴設備都故障，無法使用。

● 米價太貴買不起。只能以一百日圓商店裡的義大利麵為主食，沒有配菜，只用鹽和胡椒調味。

即使拚命節省，每月十四萬日圓的收入還是無法負擔兩人的生活費，每個月都處在透支的狀態（哭）。發薪日前一週，甚至連一千日圓都拿不出來。到了月底，我們不得不依靠信用卡貸款或和向消費金融公司借錢，勉強維持生活。

記帳時，我甚至會因為前幾天用一百日圓買了髮圈而後悔反省的程度。更糟的是，我還得把自己的私人物品和制服，拿到澀谷的某些店內變賣。

儘管我這麼拚命節省，不肯去工作的男友還是把錢拿去玩柏青哥，導致我們的經濟狀況總是無法好轉。每天都因為錢的問題和男友大吵大鬧（哭）。

最後，還因為生病無法看醫生、營養失調，導致我只能躺在床上一個多月，最後被父母發現，逼不得已只好回家。

即使停止同居後，因為還是繼續借錢給男友玩柏青哥，結果自己的信用卡貸款金額愈滾愈大，最後竟累積到二百萬日圓。

那時覺得「這樣下去不行！」，為了增加自己的收入，便下定決心去留學、考取證照、學一些技術以便求職。

但不管做什麼工作，都無法長久。在二十多歲前半時已經換了六次工作。

無論我怎麼努力，每月實際領到的薪水始終無法突破二十萬日圓，在支付生活費和債務後，一直都是零存款的狀態。

「那就只能靠結婚來翻身了！」

我開始拚命參加聯誼和加入約會網站，非常努力尋找結婚對象。

雖然一年內與許多男性約會，但第一次約會後，大多數都是已讀不回、沒有下文的窘境。而第二次約會的邀約，也僅僅只有一次。在這種極度沒有男人緣的情況下，自己也無法靠與優質高規格男性結婚來實現鹹魚翻身的夢想，因

此感到非常絕望。

②放棄不喜歡的事情後，財運和人緣都變好了

- **工作不順利、結婚聯誼活動也不順利。**
- **不是出身於富裕家庭，也沒有什麼特別的才能。**
- **我這輩子大概都會一直貧窮下去吧……**

經過了一陣子的低潮，我開始這樣想。

「反正努力工作和結婚聯誼都沒辦法成功，那不如一個人隨心所欲的過生活吧!!」

於是，我停止努力工作和聯誼，決定看開一切，自由自在的生活。

原本為了學到一技之長而努力的工作，我開始能偷懶就偷懶，在上班時間趁主管沒注意到時，偷偷上網玩遊戲。

我也不再認真參加聯誼，反而開始嘗試自己一直想做的酒店小姐兼職。

我開始不再自己煮飯和記帳，停止為了省錢而努力，開始隨心所欲地花錢。也不再努力成為賢妻良母。

在我二十多歲後半時，**改變了自己的生活方式。雖然乍看之下這樣的生活方式讓人覺得「不會出問題嗎？」，但這竟是我邁向「有錢人」的第一步，是我意想不到的轉機。**

某天，為了尋找更輕鬆、更容易偷懶的工作，登錄了一個換工作的網站。結果竟成功轉換了第七次跑道，這個工作是我以前從未嘗試過的業務職缺。以前我總覺得「自己只能做行政文書的內勤工作，不想從事壓力大又緊張的業務銷售」。

但是和那家公司的老闆面談後，**我竟然覺得「這工作好像很有趣！」**

雖然出差和應酬多，婚期可能會更往後延，再加上自己也差不多是結婚、生子的年紀，卻在這個時間點換工作，這樣會影響到育嬰假的申請嗎？心中雖然有很多這樣的不安和憂慮，但我選擇相信**內心對這份工作躍躍欲試的直覺**，而接受了這份職缺。

結果，這份業務工作成為我的第一個「天職」。三十一歲時，我的年收入

達到五百萬日圓！終於可以在那些著名大學畢業、到大公司上班的同學們面前稍微扳回一城了！我實在覺得非常開心（笑）。

現在回想起來，那時候是我人生中第一次開始認真面對金錢。

一直以來，我對於工作中獲得的薪水，完全處於被動接受的態度。

但從那時起，不論是在正職的業務工作，或是酒店小姐的工作上，我都開始認真思考，並實際展開「如何才能增加收入」的行動。我主動嘗試改變工作方式，努力進行薪資談判，為了提高自己的收入而積極展開行動。

就這樣，收入便不斷增加，三十歲出頭時，年收入總計已有約七百萬日圓。

當時信用貸款200萬日圓的明細

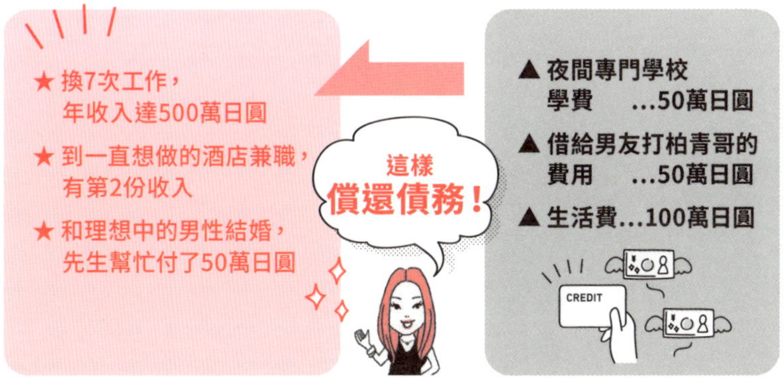
▲夜間專門學校
學費　…50萬日圓
▲借給男友打柏青哥的
費用　…50萬日圓
▲生活費…100萬日圓
CREDIT
這樣
償還債務！
★換7次工作，
年收入達500萬日圓
★到一直想做的酒店兼職，
有第2份收入
★和理想中的男性結婚，
先生幫忙付了50萬日圓

另外，我也試著第一次全面檢視自己過去視而不見的債務餘額和利息，並明確訂下還款計畫。結果也終於能穩定償還自己的債務！

此外，在個人生活方面，我停止做自己不喜歡的事情，每天都過得非常愉快，結果也變得愈來愈受歡迎。

連從前的自己都難以想像的高規格優質男性，紛紛向我求婚（順帶一提，當時我同時與三位男性交往）！

後來，我列出了一份多達八十個條件的理想男性清單，然後遇到百分之百完全符合這些條件的先生，於是，我們在認識兩星期後就結婚了。

在那時，我最後剩下的五十萬日圓債務也由丈夫幫我還清，終於成功償還拖了十多年的債務（不過我先生並不是高規格優質男性）。

③兼差？辦付費活動？這我沒辦法

我發現，女性也能在業務銷售的工作中有亮眼的表現！

薪水可以靠自己的能力和行動而提升！

以上是我第一次打破「金錢的詛咒」後，所領悟到的事。

【打破金錢詛咒的第一步】：薪水並非固定不變，可以透過談判提高

隨著自己不斷升遷、薪水也穩定增加，我開始夢想能成為一位社長。在日本，女性社長相當少見，幾乎沒有人會以此為目標吧？但那時的我開始認為，只要努力，這個夢想也並非遙不可及。

為什麼會這麼想呢？因為我當時工作的公司總部在芬蘭，這家公司在全球各地都設有分公司。在北歐各個國家中，有許多在職場活躍的女性，即使必須照顧三個孩子，依然能夠擔任社長這種高階的職位。

尤其是在芬蘭這個性別差距幾乎不存在的國家，連續十多年來都能蟬聯全球沒有性別差距國家的前五名（而日本在二〇二三年排名全球第一百二十五名，是性別差距非常大的國家）。

以前我認為女性結婚生子後，就只能放棄自己的工作。但在觀察北歐女性的生活後，我開始思考，也許一切都取決於自己的努力，或許我也能夠做到？

在那間公司裡薪水最高的是社長，年收入高達兩千萬日圓。

首先，我決定朝著成為社長的目標努力。

但在結婚後的第四年，我懷上了第一個孩子，並在開始休為期一年的育嬰假時，再度擔心煩惱。

- **生產後，我真的能像以前一樣愉快的工作嗎？**
- **生完孩子後的幾年，是否一定只能從事縮短工時的工作，才能同時兼顧家庭呢？**
- **但這樣的話，成為社長的目標會更變得遙不可及……**
- **雖然有育嬰假津貼，但收入會比平時少，這也讓我感到不安……**

在北歐，許多國家有健全的社會福利制度，協助職場女性實現自己的理想。

但在日本像我這樣普通的上班族女性，也無法期待有如此完善的制度。

當時自己所在的日本建築業界裡，幾乎沒有女性能在生完孩子後，依然像

以前一樣全心全意的投入工作。

大多數人選擇辭職，或者轉為兼職、縮短工時的工作，離開了第一線。

也有極少數的女性即使有孩子，仍能全心全意在職場中奮鬥，但她們通常有能完全幫忙照顧孩子的父母，或是在育兒方面非常支持她們的神隊友。

然而，當時的我這樣想著：

- **因為不想欠父母人情，所以不願意依賴他們**
- **丈夫每天工作繁忙，幾乎都要接近末班電車的時間才回到家，所以也無法依靠他**
- **能否靠自己的力量，愉快的兼顧工作和育兒呢？**
- **在日本的某處一定也有能兼顧工作和育兒的女性吧？**
- **想和這樣的女性見面！聽聽她的經驗分享！**

於是，自己決定開始寫一個摸索如何兼顧工作和育兒的部落格。

我想，如果我向全世界發聲，說出「我想知道關於這些事情的資訊」，應該就可以收集到相關的訊息回應吧？

我在自己的部落格裡的第一篇文章中，這樣寫著：

——工作、家庭、育兒，還有自己。

我希望能摸索出不需犧牲任何一方，能愉快兼顧每個部分、自己也能過得最幸福自適的方法。

從這樣的想法而決定在此抒發自己的感受。——

結果，我從自己的經驗中得出了這樣一個結論：想要愉快的兼顧工作和育兒，首先需要良好的夫妻關係。因此，我決定從「如何選擇一個好的伴侶」開始下筆。

像前面提到的內容一樣，自己從一個不受男性歡迎的人變成了有男性緣的人，並與百分之百符合自己理想的男性結婚。所以我認為**了解這些技巧應該可以讓更多女性得到幸福吧？**

然後呢？

我的感情觀竟然成了人氣話題，自己的部落格因此迅速大紅。

每天都有粉絲留言，向我吐露感情上的煩惱。

對粉絲這些長篇大論的留言，我也認真的以許多字數詳細回覆，結果經過幾次互動往來後，常常有人這樣問我：「要付費也沒有關係，能不能直接見面諮詢呢？」、「有沒有計畫舉辦講座呢？」但是……

- **免費發文的部落格還可以，但要舉辦付費講座……**
- **這種事情我怎麼可能做得到！**
- **沒有人會願意付錢來聽我說話吧！**

有上面這些想法的自己，**剛開始非常抗拒付費諮詢的建議**。

不過，我周圍已經有幾位女性朋友，從部落格開始經營自己的事業，所以我就試著向她們請教，該怎麼做才好？於是，其中一位朋友建議我「那我們一起辦講座吧！」

她說：「我會負責策劃整場講座！我相信你一定可以做到！」朋友十分熱

情地說服了我。雖然有些擔心，但我還是決定嘗試一下。

不過，關於重要的講座費用問題，我們又展開了一番激烈的攻防戰（笑）。

我說：「應該就兩千日圓左右吧？」

朋友說：「得收五千日圓才行呀！」

我：「……？我怎麼可能收那麼貴啊！」

朋友說：「不行啊！不行！那這樣會虧錢啦！」

我們經過一個禮拜左右的討價還價，終於對講座收費，達成了三千日圓的共識（笑）。

我原本以為，不會有人願意為我的講座支付三千日圓這樣高額的費用，更難以想像，能透過這樣的方式賺錢。

但我選擇相信比我有經驗的朋友，雖然她說「沒問題！」，但我感到害怕又不好意思，甚至都快要哭出來，但我還是硬著頭皮在自己的部落格上宣傳，召集想要參加講座的人。

結果，竟然有二十位左右的人報名參加。

此外，在朋友的安排下，這場講座的現場實況錄影也一起上架銷售，最後

我總共獲得約十萬日圓的利潤。只用了兩小時，和現場參加講座者自由分享、談論自己的感情觀，竟然可以賺這麼多錢！

這是我人生中第一次，除了薪水之外，獲得一筆可觀收入的瞬間！

【打破金錢詛咒的第二步】金錢不僅只能靠薪水取得，也可以由自己創造。

④覺得太浪費而不泡熱水澡！

以第一場講座的成功經驗為出發點，我自己也開始定期舉辦一對一諮詢和講座課程。

周末時，我把育兒的工作交給老公，自己則投入經營一對一諮詢的工作。之後因為有客人想「定期接受諮詢」，便開始規劃為期數個月的講座課程。在部落格上公開課程資訊後，也有幾位女性粉絲決定參加。

後來，我決定專心投入經營自己的事業，便辭掉了原本公司的工作。

自行創業後，我變得更加認真經營事業，在每個月固定賣出幾個當時約二十萬日圓左右的長期講座課程後，即使家中孩子只有幾個月大，每個月也能以感情諮詢師的身分賺到約一百萬日圓的收入。

【打破金錢詛咒的第三步】即使有小孩，也可以靠自己努力提高收入

……雖然這麼說，自己也能靠自己的努力多少賺到了錢，但實際上在怎麼用錢這方面，**還是一直難以跳脫長期以來根深柢固的貧窮思考心態。**

當時的我覺得花自己的錢買衣服或進行美容保養太過浪費，還曾穿過母親已經不穿的洋裝。

雖然也試著下定決心要購買適合自己的衣服，但上班族時代每天以UNIQULO襯衫和套裝解決一周穿著的我，對要去哪裡採買、應該要買些什麼才好，簡直完全摸不著頭緒。

在實在沒有辦法之下，只好請媽媽陪我一起挑選衣服。那次是我第一次踏進H&M。這件衣服是當時唯一一件花自己的錢買下的流行服飾，還記得買

這件衣服時，覺得緊張興奮。

當時已經月入百萬日圓的我，**對把錢花在自己的身上還是感到非常恐懼。**也很害怕把錢花在美容保養上，所以當時的我完全不曾踏入相關的沙龍。

後來因為參加講座的學生三浦愛小姐有美容保養方面的專業，所以邀請我去她自己經營的超人氣沙龍進行免費體驗。這第一次到沙龍的保養經驗也是令我既緊張又興奮。

那時三浦愛小姐對我說：「每天就算只有泡澡五分鐘也沒關係，在保養美容和消除疲勞上就可以看到完全不同的效果喔！」

當時我聽到她這樣講，馬上覺得非常抗拒，「只為了泡五分鐘澡就要加熱整個浴缸的水，然後把水放掉，不是超級浪費的嗎？」

但冷靜之後想想，加熱一個浴缸的水所花的費用大概才一百日圓左右吧？

因極度窮困的省錢生活方式早已深植我的腦海，早已對「該節省的錢都要全部省下來才行」這種作法深信不疑，連多花一百日圓都覺得非常浪費，所以禁止自己有這樣的行為。

事實上，省錢這件事已經變成了習慣，甚至沒有意識到自己內心在禁止這樣的行為。

然後我也發現自己有一個莫名的規矩，「如果不能泡至少三十分鐘的澡，那就不要燒熱水。」

這點讓我感到非常震驚。

「我真的覺得自己連花個一百日圓消除疲勞和美容保養的價值都沒有嗎？」

事實上，「自己能花多少錢在自己身上」真實而深刻的反映了「自己覺得自我有多少價值」。

也就是說，當時的我**覺得自己不值得花一百日圓來慰勞平日的辛苦。**

於是我決定深刻反省，不再用錢來緩解不安的情緒，而是**逐漸開始把錢花在讓自己過得幸福的事物上。**

剛開始，從前面提到的「放熱水泡澡」這件事做起，去超市試著不看價錢買一些稍微好一點的調味料，還有試著去那些時尚百貨公司的店裡逛逛，而不是只買便宜貨或接收別人不要的舊衣服⋯⋯。

起初，每件事都讓我感到緊張，但發現其實花這些錢後，收入並沒有明顯減少。

更重要的是，我發現**花錢可以讓自己感到快樂，讓自己有十分幸福的感受。**

而這份幸福感，讓我產生了「再去賺更多錢！」的積極心態，使自己能更積極愉悅的投入工作，**收入也隨之增加。**

首先，要把錢花在讓自己幸福的事物上，以幸福的能量充滿自己，然後再運用這股能量幸福地去賺取更多的金錢。

我透過自己的親身體驗，證實了這種金錢的正向循環，讓我終於開始理解正確的用錢方式。

【打破金錢詛咒之第四步】金錢應該花在讓自己幸福的事物上，而不是用來消除不安。

日本的女性都被下了金錢的詛咒

從前面我提到的各種親身經驗分享中，不知各位是否能感受到日本女性承受許多社會上施加的「金錢詛咒」。接下來，我會繼續為各位讀者介紹，更多自己親身經歷的金錢詛咒和真相！

在日本，多數人認為金錢是「領取由公司決定的薪水」。

因此，為了獲得更好的薪資，他們努力取得好成績、進入好大學、進入大公司，然後努力工作。

……也就是說，如果沒考上好大學，基本上你的人生就結~束~了！

「小田桐，出局！」請一定要用綜藝搞笑的音調和語氣來讀這句話！（笑）

但即使進了好公司、拚命努力，日本的公司職員年薪最多也只有約一千萬日圓。

而且，能不能拿到這個薪水，基本上在選擇公司時就已經決定。

但很多人連這點都不知道吧？當時的我，就是其中之一。

日本的家長、學校、媒體從來不會教這些事情，因為連身為成人的父母自己對這些事也不清楚。不知道這些事，當然也就沒辦法教孩子。大人們不重視金錢相關的教育，孩子們就更無法正確獲得金錢相關的知識。

還有，日本社會普遍認為談論金錢或賺錢的話題是一種負面的行為。**大家總覺得「差不多幸福就好」、「和那些○○的人相比，自己已經很幸福」或「我很幸運」。**

如果要討論「我想要有錢」的話題就會被視為粗俗，連光是想想都會令人覺得不恰當。

例如：

- 向上司詢問「怎樣才能加薪？」、「請給我加薪！」等
- 在結婚聯誼活動上詢問對方「收入多少？有多少存款？父母有錢嗎？」
- 問同事「你拿了多少年終獎金？家裡每個月要付多少房貸？」

這樣的問題，雖然實際上大家都非常在意這些事情，但這些話題總被視為禁忌，充滿任何人都不能觸碰這些話題的氛圍。

還有，甚至問母親「爸爸一年有多少收入？」也常常沒有答案，或幾乎都被故意敷衍。

就像這樣，日本社會中對金錢的禁忌愈來愈多，許多人有下列的想法：

- 問別人的薪水和財產被視為沒有禮貌
- 請求加薪被視為貪婪
- 為了賺錢而積極有所作為被視為不恰當

包括我自己在內的多數人，都抱有「談金錢相關的事等於粗俗沒禮貌」、「錢等於難以理解且可怕」的印象。

日本社會的架構就是如此，讓人無法認真地面對金錢。

不能向有錢人請教賺錢的方法，也因此無法增長知識。

社會上原本就沒有重視金錢的風氣，也不會有人告訴你需要認真面對金錢，誰也不會教你。

連學校裡都沒教學生金錢相關的知識吧！

我們反而一直接受著「不要把金錢當一回事」的教育。

各位有注意到嗎？像在房屋貸款、存款、定期存款、每月的薪資明細……各方面：

「盡量不要想錢的事」、

「能領多少薪水不是自己決定的，是由他人決定」、

「上層會決定，平民百姓不用太操心」

以上這些潛意識的訊息，充斥在我們生活中的各個角落。

各位有注意到，稅收制度變得很難懂的這件事嗎？自己到底需要繳多少稅金呢？

這是故意讓各位不去仔細思考這些事。你發現了嗎——？

假如像美國那樣每個人都自己報稅，你會深刻感受到「我竟然繳了二百萬日圓稅金！」的切身之痛。但日本的公司職員都是每個月讓國家從薪資中自動扣掉稅金，然後在年底修正結算時稍微退回一點，所以人們對繳多少稅沒有太多感覺。

我們被國家教育成「不去思考金錢的事」。

國民被施加了「不能思考金錢」的詛咒。

【打破金錢詛咒之第五步】停止認為「談錢等於粗俗」的想法

回到前題，在我和無業男友同居，還要負擔他打柏青哥費用而欠了一屁股債的事情，一定也有很多人會想「為什麼要和那種人在一起呢？」（笑）

這其中當然有一個悲哀的原因是我太不受歡迎，但還有另外一個更重要的原因。

其實當時的我，總會反問自己以下兩個問題：

● 自由和金錢，你想要哪一個？
● 愛情和金錢，你會選哪一個？

然後「毫無疑問地，我會選自由和愛情！」

家裡有個嚴厲的母親，「要我回家還不如過自己想要的自由生活」、「即使現在這個男友很糟糕，但總有一天他應該會成功，變成有錢人、讓我幸福」。

現在如果我能見到當時的自己，我一定會使勁搖著她的肩膀，大喊：「快點醒醒啊！」

什麼？妳說要選擇金錢!?而不是自由和愛情嗎？

不是！而是拿金錢和其他東西比較這件事，根本上就是個錯誤。

現在的我認為**「愛情、自由和金錢，三者同樣重要。」**有滿滿的愛情、充分的自由和豐厚的金錢，這樣一定是最好的呀！這樣才是有錢人的思維。

以前我認為只能在「有意義但收入低的工作」或「無趣但收入穩定的工作」之中，二選一。

覺得「不可能擁有全部」，在嘗試之前就先放棄。

但實際上，我賺得最多的是自己舉辦的長期課程這種**「有意義且高收入的工作」。這時我才領悟，自己必須從一開始就選定這個方向才對。**

- **「想要這個」或「想做那個」的願望和**
- **「沒錢」或「這太浪費錢」的擔憂**

只要一直認為只能選其中之一，就無法變成有錢人。放棄只能選擇其中一個的想法，改為思考「怎樣才能擁有全部」，才是有錢人的基本心態。

【打破金錢詛咒之第六步】金錢不是和某件事物權衡取捨，而是要同時主動追求

另外，女性的收入通常也比男性要來得低吧？

所以，如果女性想變得富有，還是得和條件好的男性結婚……

然後生孩子，過著安穩的生活，這是女性的幸福、是女性應該追求的未來……。

這種想法在日本依然非常根深柢固。以前的我也認為這是一般常識，是能過一般生活的唯一方法且對此深信不疑。

因此，我也應該穿上全套適合相親聯誼的打扮，努力尋找優質的高規格男性結婚。雙方談論的主要話題是「自己怎樣以成為賢妻良母為目標努力生活？」

但我在一年之中非常認真努力的聯誼，也完全不受歡迎。

現在的我，能理解當初自己不受歡迎的

日本根深柢固的觀念

有好成績、進好大學、
到大公司上班、和條件好的男性結婚、
生孩子，過安穩的生活。
這就是女性的幸福……

這其實是一種詛咒！

不更新這種觀念的話，
日本女性只會更辛苦！

原因。因為日本的男性每天在工作上都付出十二萬分的努力，也非常疲憊。但我還對他們說：

「自己這麼地努力，你要溫柔地對待我、慰勞我的辛苦！跟我結婚！」

以這種姿態出現的女性，怎麼可能會受男性的歡迎呢？反而是男性才想要被療癒吧？比起需要被男性說「你很努力耶！」的女性，還不如會對男性說「你好努力耶！」的女性來得受歡迎。

另外，在我和丈夫相遇前，也一直受到**「女性不能比男性會賺錢的詛咒」**所影響。不知不覺中，在金錢方面也變得依賴男性，對女性不得不倚靠男性過生活這件事深信不疑。

- **會賺錢的女性不受歡迎、不可愛。**
- **比老公會賺錢的太太，會讓老公沒有自信。**
- **懂得讓男人有面子的才是好女人。**

以上這些完全都是詛咒。當然以前的日本曾經有過這樣的時代。

我的祖父母和父母，都是生活在女性當家庭主婦是一般常識的時代。

但時代已經轉變。

現在的女性也可以依自己的能力賺錢，讓自己過得幸福，並獲得更多的關愛。在現代社會裡，有能力和餘裕一個人養活全家大小的男性也不多，有許多男性也希望女性能出去工作賺錢。

雖然現在的自己會這麼想，但從前總是想掩蓋著什麼的自己，卻有「比老公會賺錢，夫婦間的關係應該會不好？」的迷思。

我把這樣的想法和當時常指點我迷津的友人分享，得到以下的回答。

「一般來說，有錢的話能大大減少夫妻之間的摩擦吧？」

聽到這句話的自己受到十分強烈的衝擊，覺得「這句話說的沒錯！」

然後我真的試著問了自己的先生「如果我賺得比你多，你會覺得討厭嗎？」，得到的答案不但是不討厭，反而還大大歡迎呢！（笑）

許多人在不自覺中都有同樣的想法，但我總是建議她們「不妨問問妳先生是否討厭這樣？」。

實際上，至今為止沒有一個人問過之後得到「不喜歡」的回答。如果妳有這樣的想法，我建議可以先問問男朋友或丈夫。

【打破金錢詛咒之第七步】女性不能賺得比男性多是個謊言

日本女性身上被施加了許多「金錢詛咒」，結果便是造成我們在金錢方面失去自信而產生不安。

接下來，我會再進一步詳細解釋這個現象。

為什麼會一直對金錢感到不安？

現在的女性仍然被視為是「某人的物品」、「為了某人而存在」

日本女性，在金錢上缺乏自信和不安。

在仔細說明之後，各位會發現，這是因為前面所述的眾多傳統價值觀，也就是詛咒，早已深深植入我們的內心。

- 要努力讀書，盡量考進好的大學
- 為了進入好公司，要努力找工作
- 即使到公司上班，女性想靠自己的力量提高年收、變得有錢也很困難
- 因此，努力提升自己和參加相親聯誼活動，以吸引能為自己賺錢的男性
- 結婚後，要努力照顧丈夫、做好家務和育兒，提高丈夫的收入
- 如果生了孩子，為了這孩子將來能賺錢，女性應該努力讓孩子補習和學各種才藝，盡心力照顧孩子

- **為了讓丈夫和孩子能專心工作或學業，照護年長家庭成員的工作由妻子來承擔較適當**
- **理想中的妻子應該要節儉並能儲蓄，這是為了確保家庭財務運作的順暢**

在這樣的社會風氣之下，每個人都普遍認為努力協助丈夫和孩子、不打擾他們工作和讀書的女性才是好妻子吧？

但冷靜思考一下，這不就是一種完全為「自己以外的某人」而存在的人生嗎？

現今社會中，大家普遍下意識的認為「女性結婚後若要變有錢，嫁給有錢男人是唯一解答」。

因此，「賺錢是男人的工作」這種意識，仍然深植在所有男女的內心。

因此大家認為，為了讓男人能專心工作，好女人應該努力做好家事和育兒。

儘管男人幾乎很少需要獨自承擔家務和育兒的責任，但女性獨自承擔家務及育兒，卻成了主流。

但實際上認為「因為錢是我在賺，你就閉上嘴巴好好做家事」的丈夫，並不多。在關於分攤家務和育兒工作的問卷調查中，男性表示「願意參與家務育兒」，女性也回答「希望丈夫能努力參與」。

然而，實際上男女在家務育兒這種無償工作上花費的時間，正如下頁圖表所示，有非常懸殊的差距！

實際上，很少有女性認為「丈夫應該少加班，要早點回家幫忙做家事」：

- **女性雖然不想獨自承擔家務和育兒**
- **但也不希望丈夫因此減少加班時間來作家事和育兒**
- **因此男性也認為，與其參與家務或育兒，倒不如努力工作養家**

家務、育兒的實際狀況和真實心聲

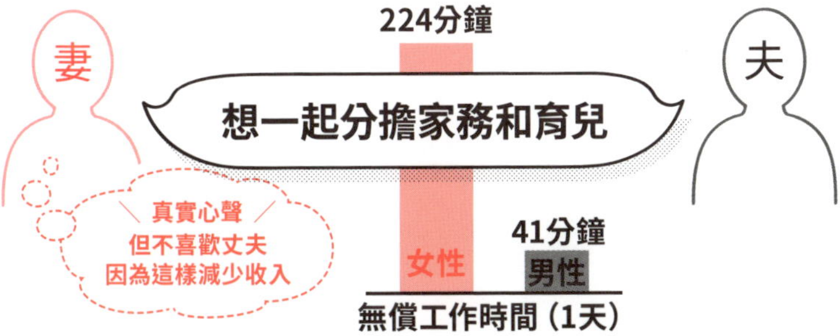

＊所謂的「無償工作」包括日常家務、採購日用品、照顧家庭成員、照顧非家庭成員、志願服務、和家務有關活動的交通往返、其他無償工作的總和。＊於2009年至2018年之間進行的問卷調查。
（資料來源：男女平等社會白皮書 令和2年版 「從男女性別來看生活時間（一周整體平均）」

也就是說，男女雙方在潛意識中都認為「賺錢是男性的工作」。

女性缺乏「金錢的自信」，正是因為她們自己將人生中「有關金錢的掌控權」拱手讓給他人。

即使女性賺了錢，初始設定還是「潛意識的忍耐」

我最後工作的那間北歐公司，在日本屬於建築業。日本的建築業界男女性別差距非常大，當時從業者中九九％是男性，是個男性員工占絕大多數的世界，在全公司中，只有一名女性管理者。

業界裡雖然也很努力推動女性員工的參與，但因為職業特性本身的因素和一般認知常識上的巨大差異，實際的進展非常緩慢。

在這樣的環境下，某次在與同業者交談時，得知一件讓我非常驚訝的事。某位建設公司的女性主管說道「最近的年輕男性很軟弱」，仔細詢問之下，原來是有一位年輕男性員工來電連絡說「因為孩子發燒了，所以需要請半天假去醫院」，這個消息讓整個部門一片譁然。

大家議論紛紛地說：「因為孩子發燒這種事就請半天假，這合理嗎？」、「那他的妻子在做什麼？」，最後聽說大家得出這樣一個令人訝異的結論，就是「也許以後會變成這樣的社會吧？」

聽到這些話，我心裡忍不住吐槽：

「這個社會早就已經變成這樣了吧——!?」

但在這間公司裡，有個不成文的規定。就是女性結婚後轉為行政職是件理所當然的事。

而男性因為家庭的原因請假，則視為極其荒謬的行為。

那時，讓我非常深刻感受到：

「啊！原來到現在，請假照顧家人仍然是女性的責任！」

「女性的人生還是為了他人而活」。

也許有人會說家人不算是他人。

但即使是親子關係，還是「除了自己以外的某人」吧？

也許建築業界的例子很極端，但現在即便有育嬰假制度，主要的申請者還

是女性。

男性因職務調動，需要改變工作地點時，女性跟著一起前往或是男性單人赴任的情形很常見，但若是性別相反，則十分罕見。

如果要談論是男性還是女性需要獨自兼顧家務和育兒的比例，何者較多？還是女性占絕大多數。

在現代社會裡，日本女性的人生還是理所當然的優先考慮「他人」。

過去和丈夫聊天時，我發現了一件事。女性在選擇工作時，會考慮「結婚或生子後能否繼續工作」，**即使有想做的事情，如果難以兼顧家庭，通常一開始就不會選擇這些工作。**

而男性選擇工作時，幾乎不會先考慮「能否兼顧家庭和育兒」。這難道不會讓人感到不公平嗎？

因為「身為女性」、「已婚」、「有孩子」等原因而無可奈何，只能犧牲自己的時間、在職涯發展上處處忍耐，這樣的社會風氣實在非常怪異。

我自己以前也是這樣，女性太過於習慣自我犧牲，**很多人甚至沒有意識到這是被社會強加的壓力。**

為什麼女性的人生，要為了提高男性的收入而存在呢？
那這樣也可以說，女性的人生是為了讓男性享樂也不為過吧！

但現在的我這樣認為「只要你願意，絕對可以擺脫這種局面」。
在這本書中，我將毫無保留地分享我學到和實際執行過的經驗，讓各位讀者，不再受從前傳統社會的詛咒！

儲蓄、節約、清貧已經不再是美德

「沒有儲蓄就等於沒有錢，這是理所當然的事。」

然而，隨著時代的變遷，如果不更新思維模式，未來只會更加憂慮金錢的問題。

過去的我也是如此，因為完全沒有學過金錢管理，才會有這樣的想法。

首先，到底什麼是儲蓄呢？

在我得知真相後而感到驚訝的是，儲蓄這項行為，是在戰爭時期需要募集軍事費用的「國家政策」之一，因為受到獎勵而普及。此外，根據比我年長的一些朋友曾經提到，小學時曾有郵局職員來學校，幫學生處理存款相關業務，像存壓歲錢等。

在利率高的時候，存款確實是增加金錢的有效方式。

但現在的情況如何呢？既不需要軍事費用，存款利率也非常低（哭）。
因此，現階段存款已經沒有意義。
然而，現在「必須存錢」的潮流，仍然深植於許多人的內心吧？

此外，在日本普遍流行的是「省錢才是王道」的精神。
如果是相同的東西，應該選擇便宜的那一個，能不花錢就不花錢，儘可能節省……。

我們從小在家裡、學校和公司，都被嚴格教育要節省。
「浪費」這個詞彙已經成為世界共通語言，從保護地球的角度來看，不可否認地，這確實是一種很好的文化。
但是**如果凡事都認為節省才是王道，那單純只是停止思考而已。**
在自己變得有錢後感到震驚的是，幾乎所有傳播媒體都在大肆宣傳「便宜的就是好東西」這樣的訊息。

譬如「這個居然只要〇〇日圓！」、「每餐低於一百日圓的食譜」、「百圓店的豐富多樣商品」等等。旅遊指南上，也會先介紹花費最便宜的交通工具。大眾媒體竟然如此堂而皇之地灌輸大眾「便宜即是正義」的觀念。

我們從小時候開始，就持續接收這種優惠折扣的資訊，自然而然認為「便宜和優惠才是王道」。

不過，例如百圓商店的馬克杯，雖然便宜，但設計、圖案和質感不是通常都很俗氣嗎？明明自己一點都不喜歡，卻因為覺得「只要一百日圓就別計較吧」而買下來。

但我認為，與其買這種感覺很俗氣的百圓店馬克杯，還不如花一千日圓買個漂亮的馬克杯比較好。絕對不會因為你買了一千日圓的東西，就變得很窮困，區區九百日圓的差價，卻可以讓自己每天過得更加愉快。

我們應該根據自己感受到的價值來使用金錢，而不是單純考慮價格，更應該多了解「為了讓自己每天過得愉快」而花錢的價值。

了解自己覺得對什麼東西有價值？重視什麼樣的價值觀？使用金錢的方式是一個非常重要的指標。

- **對自己覺得有價值的東西花錢**
- **對自己感到沒價值的東西不會消費**

以上這兩點，應該由自己一一仔細思考再作決定。

究竟為什麼，我們會被灌輸節約是件好事的觀念呢？這是因為像過去的我曾經深信只能靠嫁給有錢人才能變得富有，無法靠自己努力變得有錢一樣，整個社會灌輸給我們：

「你不可能靠自己提高收入！所以你應該思考怎麼節省花費，而不是去想如何提高收入。」

在假設收入無法提高的前提下，為了維持生活，只能選擇便宜的東西。因此，選擇便宜貨就成了理所當然的事。

但事實並非如此，首先要切換成相信收入可以靠自己提高的思維。

然後，慢慢逐步摸索靠自我能力提高收入的方法並積極實踐，才是重要的關鍵。

有錢人的小氣重點和別人不一樣

常有人說「有錢人很小氣」，這件事有一半是真的。

我身旁的有錢人確實非常在意「便宜的SIM卡」和「兌換外幣的手續費」等事情。他們會互相分享「這家業者的SIM卡最划算」、「這個國家的某某地方換錢最便宜」等資訊。

也就是說，不論是有錢人還是窮人，都會精打細算，但兩者的關注點完全不同：

- **有錢人會在相同價值的物品中，選最便宜的那一個。**
- **即使兩者價值不同，窮人還是選擇價格較便宜的物品。**

那麼，現在問各位一個問題。

「在你面前有一個一千日圓的東西和一個一萬日圓的東西，哪一個比較便宜呢？」

窮人會說「一千日圓的東西絕對比較便宜」、「一萬日圓的東西不可能比較便宜」而選擇一千日圓的東西。但有錢人則會先從這個金額能帶來的價值思考：

- **這一千日圓的東西是否只能用一次呢？**
- **這一萬日圓的東西是否能使用一百次呢？**
- **這一萬日圓的東西是否有可能帶來其他利益呢？**
- **如果轉賣這個東西，能賣多少錢？**

只看金額並無法判斷物品是真的便宜或昂貴，必須深入了解隱藏在這個物品背後的價值。

當價值不變時，就選擇便宜的那一個。

這就是所謂有錢人「小氣」的重點。

為了省錢、省電的煩躁不安，可能也只省了十日圓？

還有，我們汲汲營營努力節省開支、節約用電，其實從金錢和節能的觀點看來，大多是無意義的行為。

如果因為這些原因導致需要忍耐某事，或是夫妻之間因此而發生爭執鬧得不愉快，我覺得這樣在人生各種事情的優先順序安排上，是不是有些錯誤呢？常見的一個例子是「丈夫不關燈的問題」。很多太太常抱怨已經和先生講了很多次，就是不關燈，而讓自己覺得煩躁又生氣；這其實正是誤解人生優先順序的代表案例。

日本的配電、計費模式是根據每個家庭和電力公司簽約時選擇的電力方案類型而定。因此一旦產生電力，基本上也無法儲存或轉移到其他地方。

因此，除非在用電高峰時期減少用電量，並降低簽約的基本用電量方案，

否則節約用電幾乎等於沒有意義。

在家裡因頻繁開關電燈而省下的一點用電額度，最後大都也只是浪費掉而已，每個月能節省下來的金額，也只有大約幾十日圓。

為了這幾十日圓，與丈夫爭吵或想盡辦法希望他能關燈，還不如一直開著燈來得乾脆省事些。

如果實在非常在意這個問題，可以使用ＬＥＤ燈或裝上感應式照明。因此我們家的電燈在想到的時候偶爾會去關掉，但基本上是隨時開著，不會去特別在意這個問題。

冷氣也是同樣的道理。我住在日本時，從五月到十月左右只要不是長期旅行，外出時也一直開著空調。

冷氣在啟動時耗電量最大，我不喜歡在炎熱的早晨或回家後還要等待房間降溫，所以我優先考慮居住的舒適性而不是要節約用電或省錢。

而這一年下來多花的錢，也不過幾百到幾千日圓。

像這樣在炎熱或寒冷的天氣裡，忍耐著不開冷氣或暖氣，或是忍耐不用便利的家電、不放泡澡的水，或是覺得處理浴缸裡的洗澡水很麻煩但也是默默再利用……。

這些傳統思考裡看起來似乎是節省而有意義的行為，其實大多數都沒什麼效果，甚至還有一些缺點。

如果我們知道這些行為實際上幾乎沒有效益，要因個人喜好或自我滿足感去做，我也無法否定。

但至少沒有強迫他人也要做這些行為的價值。

雖然這樣說，但自己也曾經是一個捨不得在浴缸裡放滿水、享受泡澡快樂的人。（笑）

有關錯誤的「重視金錢」方式

到目前為止，我們討論了很多關於金錢的問題，但常常聽到很多人口頭禪似地說「我沒錢！」這樣的話。

如果你覺得自己被說中且是其中之一，現在有個問題想要問你。

「現在你身上有多少錢呢？」

你的錢包裡大概會有幾千日圓吧？銀行帳戶裡應該也有幾萬日圓？你看吧！雖然表面上說「沒錢」，但實際上是有錢的吧？

也就是說，「我沒錢」這樣的講法，其實是很不正確的，因為明明「有」錢卻說成「沒有」。

把這種情況的對象換成朋友來思考，會更一目瞭然！

就像你和朋友一起吃午餐時說「我一個朋友都沒有……」，那個朋友一定會大受打擊，心想「咦？我不是你的朋友嗎？」。這兩種情境裡的失禮程度，其實不相上下。

對於金錢也是一樣，明明「有」錢卻說「沒有」，難怪錢會不高興。鈔票上的福澤諭吉和澀澤榮一，會在你的錢包或帳戶裡會大喊：

「那麼我對你來說是什麼呢？」

沒有人會喜歡被當成不存在的空氣。

如果想要被疼愛，首先要由自己去愛那個人，這是人際關係的基本原則，在金錢上也是一樣。

如果你想要金錢喜歡自己，首先得由自己開始喜歡金錢，這非常重要。

以前的我，正如之前所說的，總是拿金錢和其他東西來比較衡量，在自己的人生中，「金錢的優先順序」處於非常低的位置。

我總是優先考慮樂趣、成就感或愛……這些東西，而金錢總是放在次要的位置且儘量避免去思考錢的問題。

但就像在感情中一樣，沒有人會喜歡被放在次要的位置，金錢也不會因為總是被放在次要的位置而感到高興，這樣一來，金錢的數量也不會增加。

樂趣、成就感和愛，這些當然重要，但在此同時也不能放棄金錢。**我們應該認真思考並積極實行如何在擁有這些的同時，也能賺取更多金錢。**

順便一提，我經常被問到這樣的問題：

「常聽創業者們說要好好養錢包、每天擦拭保養錢包，小田桐小姐你也會這麼做嗎？」

我的答案是「不會！」。

雖然這只是我個人的看法，但坦白說，我不認為這是重視金錢的行為。因為與其去做那些事，不如認真思考要怎麼賺錢，這才是百分之百肯定能賺到錢的作法。

對我來說，「養錢包」這種行為，只是在「假裝」重視金錢。

就像光在口頭上說「我喜歡你」，但行動上卻總是已讀不回、不願意花時間在對方身上的男人一樣（笑）。如果真的認為錢很重要，那就應該冒著風險，認真投入時間和精力來賺錢。

也就是說，與其每天去做「養錢包」這種無風險且簡單的方法假裝面對金錢，不如實際認真思考並積極地賺錢，這才是在行動上真正重視金錢的表現。

被提升運勢和許願方式制約的妳！

請不要再覺得養錢包沒效果的話……，就努力去打掃廁所好了！

因為這些行為無論再怎麼想，都跟有錢沒有關係啊！（笑）

各位要不要冷靜下來想一想，廁所的清潔與否和金錢之間，根本不可能有關連。

廁所乾淨，的確會讓人心情愉快，也許能讓你有更好的心情積極投入工作，但這種因果關係也實在太過牽強。

與其花時間和精力去打掃廁所，還不如把讀完的書放到二手交易平台上出售，這樣增加收入的可能性還更高。

總之，那些打掃廁所或擦拭錢包的人，其實是在逃避認真看待金錢，卻又假裝重視金錢的行為。現在馬上放下打掃工具，認真面對金錢吧！

因此，我認為**存錢的人也未必重視金錢**。

金錢是一種能為生活帶來很多幸福的絕佳工具。

如果只是存放在銀行裡，那只是個數字。無法豐富你的生活。

讓我舉個簡單的例子來說明這一點。

假設你擁有一枚價值三百萬日圓的超高級鑽戒，但如果你從未戴過這枚戒指，也不讓任何人看到它，只是一直小心翼翼放在保險箱裡，會是怎樣的情形呢？

確實偶爾拿出來獨自欣賞，能帶來些許快樂也說不定，但實際上，這與你沒有這枚戒指的生活並沒有什麼不同。

金錢也和這樣的戒指一樣，只有在使用時才能發揮它的價值。

就像一個非常有能力的員工卻只被安排去影印文件一樣，任誰都會覺得不滿吧？

金錢也是一樣。

它擁有力量可以使很多事情付諸實現，所以應該讓它充分發揮這些力量！

換句話說，把金錢「用在自己認為重要的事物上」，才是重視金錢的真正表現。這句話可是金玉良言啊！

從今天開始，不要再做那些假裝重視金錢的行為而讓它感到難過了吧！

為了保養和美容，請每天泡熱水澡！就算每天只有5分鐘也沒關係喔！
為了那5分鐘，還得燒熱水，泡完後就放掉！這不是超級浪費的嗎？！
不！不！不！
——因為這個原因，最後也沒有泡澡……。

第2章

可以不必壓抑自己的喜好、過自己想要的生活！

～運用金錢和時間的方式，會改變現在和未來的人生

一個月後
ITALIAN
去露個臉，然後得趕快回家作家事才行……
小C！你今天超美的耶!?發生什麼事啦？
我決定不再演「能當個省錢好太太」的角色了！
自然
什麼？
然後啊！我去接假睫毛，還開始定期作小臉美容了喲☆
還有，我去買了自己原本喜歡的亮色系洋裝！這樣會不會太俗氣了呀？
害羞地問
不會啊！很適合妳耶！
那位小姐，可以聊一下嗎？

妳假日時都會做什麼事呢？
我最近○○○……
哇～哇～
嗚哇！人氣部門的新星來找C小姐聊天了！
去做美容保養的CP值也太高啦！C小姐本身的魅力全都釋放出來了！
啊！我得回家了！反正那傢伙啥事都不會做呀……
軟爛的傢伙
夫
原封不動的待洗衣物
擺在水槽裡的碗盤
B前輩今天可以晚點再離開啊？以前不都急急忙忙趕回家嗎？

今天晚上我先生應該可以有好心情，照顧小孩♪
我還可以繼續喝喔！
欸？
唉！希望我家以後也可以變成這樣就好了！
漫漫長路⋯
洩氣
我們開了好幾次家庭會議，決定慢慢買齊掃拖機器人、洗碗機、洗脫烘洗衣機、飲水機這些家電！
負責打掃
不用洗碗
不晾衣服也沒關係
馬上有冰水、熱水可以喝
傍晚還會有保母來顧小孩！我已經準備好不會讓先生有太大負擔的環境了！
這樣很花錢吧？
坐下來

這樣子
我早上才能元氣滿滿、微笑著
叫家人起床、
準備早餐啊！
咖啡也煮好了喲！
而且，之後，
我還要從車站搭
計程車回家，保持體力！
辛苦了
啥米？
從車站走路
到家裡
10分鐘
車站
一直走路
車站
轉乘20分鐘
22:00到家
清洗碗盤等
早上洗
晾衣服
超想睡
從現在開始
搭電車30分鐘
站著
作早餐
上班
……！
超羨慕的啦！
為什麼
我可以變成這樣呢？
真是多虧有小田桐小姐
分享的心理設定法。
現在和先生、小孩的
爭執也變少了！
是幸福美滿的一家人～♡
我要回去了……

數十日圓的使用方式，即可改變未來的人生

正在閱讀這本書的讀者，是否有許多人也會忍耐著不買自己喜愛或想要的東西呢？

但是我要再次強調，金錢是要使用才能發揮力量的東西！忍耐不買自己喜愛的東西，其實是對金錢的不尊重。

雖然這聽起來很矛盾，但「如果想要重視金錢，就必須先使用金錢」。

只要你在選擇時以價格、便宜與否為第一標準，就永遠無法增強對金錢的自信，也無法擺脫「我沒有錢！」的人生。

不過，重點在於如何使用金錢！

曾經為了沒有錢而苦惱的自己，購買東西時，也是首先考慮價格。

以前在超市買醬油時，即使只有差一日圓也好，也總是選擇最便宜的品項。

但回頭想想，買了便宜幾日圓的食材，這樣每個月也只是省下幾百日圓。

如果把這些省下來的幾百日圓去買一瓶自己覺得「美味」的醬油呢？

這無疑是讓生活更愉快的用錢方式。

我可以大膽的告訴各位：即使你在經常光顧的超市裡，選擇「想要的東西」而非「便宜的東西」，也絕對不會破產！

一開始我也是在便利商店或超市裡，慢慢練習用錢的方式讓自己更加幸福。

當我在講座中和學員們分享這些觀念後，學員們也開始跟我說：「我現在可以到星巴克買咖啡，而不是只在便利商店買了」、「今天在超市，我可以選擇牛肉而不是豬肉」。

這樣一來，我們會發現這個世界上，有許多只需幾十日圓或幾百日圓就能讓自己幸福的事物，只是之前沒有意識到而已。

從這些小地方開始，逐步擺脫以「昂貴」或「便宜」決定一切的生活，慢慢踏出追求自我幸福人生的腳步。

這將會逐漸改變自己與金錢的關係。

這裡的關鍵在於，每天都要意識到什麼事物能讓你感受到幸福。

現在的各位也許還無法完全理解，但繼續閱讀本書，應該就可以逐漸掌握其中的奧妙。

煩惱三個月以上的東西，最好現在就買下

因此，我認為要重新找回對金錢的自信，其關鍵點要從「買了什麼？」這個問題開始。

迅速決定購買能讓自己感到幸福的物品，加速快轉人生、豐富各種體驗，有助於「充實自己的人生」。

但這樣做並不容易，我自己也不是一開始就能做到。首先，從前面提過的超市、便利商店，或者咖啡館之類的開始嘗試，去感覺和意識到自己會對什麼事物感到快樂？喜歡什麼？

接下來，可以考慮那些你已經猶豫超過三個月，價格在十萬日圓以下的物品。那些你想要卻因為金錢而煩惱、躊躇不前的東西，試著早點買下它們！

你會害怕嗎？但別擔心！

我從前也是這樣。平常總是會經歷這樣煩惱的過程：在第一時間直覺到自己「想要擁有」，但之後的理性會找出各種理由讓自己放棄。然而，只要你感覺猶豫，即證明那東西確實是自己想要、對自己而言是有價值的物品。

畢竟，對於自己真的不想要或者買不起的東西，根本不會去猶豫吧？

因此，在煩惱的時間點上即代表自己「想要」、「買得起」。

例如，沒有人會因為「這件洋裝我根本不需要，應不應該買呢？要怎麼辦呢？」這種事而煩惱吧？

最初是「想要」的直覺，接著理性會找

如果因為價格（昂貴）而猶豫，那就買、
如果是因為價格（便宜）而想買，那就不要買！

出「但是很貴啊！」、「可能沒什麼機會穿」、「可能不適合」等等眾多不買的理由。

同樣地，你可能會在每個月租金十二萬日圓或十五萬日圓之間猶豫，但不會在十二萬日圓和四十萬日圓之間考慮再三。這意味著即使你覺得有點貴，但買了以後也不會怎麼樣，所以才猶豫不決。

即使那個東西很貴，也不要忽略你當下的直覺。

這一點，在未來會變得非常重要。

只要外表打扮得光鮮亮麗，就能增加回報！

在上一節雖然提到洋裝的例子，但我原本對時尚流行也不感興趣，一直都是買朋友所推薦店家的服裝。而且因為我不太會搭配上下身的穿著，所以只買洋裝。

我每個月在網路商店搜尋一次「○△洋裝」，然後由上而下照順序一一勾選買三件，五分鐘內就完成一個月的購物清單，實在是有夠隨便(笑)。

但是，一直以來為了「受異性歡迎」這件事所苦惱的自己，在某天意識到提升自我價值最迅速的方式，就是好好整理打點自己的外表，於是便開始著手實行這個想法。

「想要被他人重視」，把自己的外表打點得光鮮亮麗是最簡單的方法。

你有沒有羨慕過別人收到昂貴高級的禮物呢？
我以前也會看到 Instagram 上的網紅收到很多高檔名牌的禮物，非常羨慕。

但是各位知道為什麼她們會收到這麼高檔名貴的東西嗎？
那是因為，她們自己先穿戴使用高級名牌的服飾、配件。
這樣一來，別人就會認為「這個人喜歡高級名牌貨」、「那買了這個，她一定會喜歡吧？」，於是就會有人贈送一些非常昂貴品牌的禮物。

人們不會冷落那些讓他們感覺「重視自我」的人。

因此，我除了花錢在肌膚保養、美髮、美齒、曲線雕塑等方面提升自我的根本價值之外，還試著開始專注於購買「一眼就能看出價值的服裝」。

在此之前，我從未買過高級名牌的商品。
因為即使只是一個小小的飾品，也要好幾萬日圓甚至數十萬日圓呢！
這對時尚流行毫無興趣的我來說，完全是無法理解的領域。

即使如此，為了能讓自己更快速接近理想中的未來，我想那就先來買個上面有香奈兒商標的東西吧？於是試著買了一條上面明顯印著大大商標的圍巾。當時真是緊張到心臟都快要跳出來！然後，神奇的事情發生了！

- **在餐廳被安排到好座位，**
- **計程車司機比平常更親切，**
- **飯店房間被自動升級……。**

可以明顯感覺到，周遭的人對待自己的方式有顯著改變。

仔細想想，這也是理所當然的事吧。對店家來說，除了老客戶之外，比起看起來打扮普通的人，當然在服務態度上會對明顯看起來會花錢的人更為和善體貼。

只因為自己穿上顯眼的高級名牌服飾，就能實際感受到更勝以往的周到待遇和種種好處，真是讓我大為驚訝！

經常聽到女性抱怨「男性都不帶自己去時尚流行的店」，這很可能是因為

穿著打扮和服飾風格的問題。

例如，一個總是頭髮有型、妝容美麗、穿著優雅洋裝的女性，應該不會有男性帶她去一般的大眾居酒屋吧？

但如果是穿著便宜品牌休閒服飾的女性，別人就會覺得「這個人喜歡休閒風啊」。

因此，如果想被帶去時髦的店，或者是更高級的餐廳，首先要自己先穿著適合那種場合的服裝，這一點非常重要。

雖然並不需要像我現在這樣從頭到腳都是名牌，但穿一些比平常稍微精緻的服飾，或者利用顯眼的名牌效應，會非常有效果。

在社會上，也有一種風潮認為大大印著名牌商標的產品、每個人一眼就看出那是名牌貨反而很俗氣，要有設計感、低調有型的名牌精品，才更高雅顯得有品味。

但實際上，我從未見過那些說這種話的人穿著低調的高級名牌貨（笑）。

再者，有錢人也不會刻意對他人指指點點。

即使是精品店店員，除非本身是資深時尚迷，否則誰也不會注意到低調的高級名牌。因此，既然下定決心要買高檔名牌貨，我建議選那些一眼就能被大眾認出的產品。

與其拚命努力省錢、儲蓄，不如花錢打扮自己，尤其是容易讓人注意到的部分，這樣回報會大得許多。

當你擁有充滿自信的打扮在街上昂首闊步時，應該會發現周圍其他人的態度變得更加和善，例如十分親切的等待著幫你開門。

即使是高價位，以性價比來說還是划算的物品

即使想買的東西或想做的事價格稍高，但如果早一點買下性價比較佳的話，最好還是儘早購買。

舉除毛為例，如果遲早都要除毛，那麼愈早做愈好，這樣可以儘快享受一輩子肌膚光滑美麗的優點，而所花的費用，每天分攤下來的成本也會降低。

最近，由於人力成本上漲，許多提供除毛服務的美容保養師在價格上都漲了不少，幾年前就去除毛的人，可能會省下不少費用。

另外，像衣物烘乾機、洗碗機、掃地機器人、調理器具等能節省時間和精神的家電用品也一樣。

如果你覺得「想在幾年內購買」，那麼現在絕對要儘快買下。

譬如買了衣物烘乾機後每天能省下二十分鐘，那麼一周就能節省一百四十分鐘、換算成一個月就是約六百分鐘、一年下來就有約七千三百分鐘。也就是說，每年能節省約一百二十一個小時的時間！

如果你有一百二十一小時的自由時間，你會做什麼呢？和朋友去吃晚餐、慢慢泡溫泉、自由自在逛街購物……，即使是這樣，時間可能還十分充裕。

如果再配合使用其他節省時間的家電，自由時間便會更多。

若現在買下這些省時省力的商品，就能夠長時間獲得超乎想像的自由時光。順便一提，我家不適合使用掃地機器人。價格昂貴的家電，建議可以先租來試用後，再考慮是否購買。

這些商品雖然購買時價格高昂，但換算成每天的費用，其實每件只有幾十日圓，甚至還有更便宜的。比起覺得浪費而節省那一點錢，不用每天剃毛或晾衣服而省下的一小時時光還更加寶貴。

將節省下來的時間用在自己真正想做的事情上，會讓人生變得更加充實。

日本人中尤其是日本的職業婦女們，經常會說「無法做自己想做的事情」、「疲憊無法消除」，這主要是因為她們根本就沒有時間。

從前的我也一樣，所以我能理解這種感覺。

當你沒有時間休息且感到疲憊時，當然無法產生動力去做什麼新的事情。

但是，如果不再執著於節省眼前的小錢，最後就會覺得整體的性價比提高，就可以像B小姐一樣，發現自己擁有更充裕的時間，能以自己喜歡的方式使用金錢。

此外，乍看之下金錢的價值都相同不變，但實際上會依使用的時機大大影響其價值。

像十歲時的三千日圓和現在的三千日圓，價值是不一樣的吧？

現在的三千日圓可能連「和朋友出去喝一杯都不夠吧」，但在十歲時，應該還能興奮不已地想著「要買零食好呢？還是買玩具好呢？」

有很多人認為需要為年老退休後儲蓄，但現在的一百萬日圓和變成八十歲後的一百萬日圓，這兩者的價值完全不同。

一般來說，人類隨著年齡增長，精神和體力會逐漸衰退。

年輕時有很多想去的地方，也有很多想要的東西，但到了八十歲時，有很多長輩最大的樂趣就是在家悠閒地看電視。

有許多人為了年老退休後預先存下環遊世界的費用，結果真的到了八十歲卻再也沒有力氣去了……。這種情況絕對不會少見。

「沒有比時間更珍貴的東西了，如果要買就要趁早！」

這也是人生中增加財富的關鍵。

發現了其他更應優先考慮的事

在第二章開頭的漫畫裡，B小姐和C小姐的行為不斷在改變，這裡我也想和各位分享一下，我身旁女性朋友發生的變化。

第一位是K小姐。她是三個孩子的媽媽，夏天時一定會準備一壺麥茶放在冰箱裡。

雖然她覺得準備麥茶這件事本身並不麻煩，但因為裝麥茶的容器裡會產生黏液、所以要時常清洗。孩子還不會自己把茶倒進杯子裡，所以要幫孩子們倒茶等等，**這些連名字都叫不出來的瑣碎家事在不知不覺中累積起來，形成很大的負擔。**

儘管如此，她還是認為「自己做就能解決的事情還得花錢，太浪費」。

然而，她意識到必須改變這種觀念而決定裝一台飲水機。結果，只需在飲水機上按個按鈕就有冰水可以喝，孩子們都高興的自己去倒水！

聽說這個改變讓她可以從「剛想坐下喘口氣就聽到孩子喊『媽媽，幫我倒麥茶！』」的壓力中解脫，而大幅減少每天的煩躁心情。

更棒的是，原本孩子水壺裡的麥茶改成裝飲水機裡的水後，清潔水壺的工作變得輕鬆許多。這個決定使家務的負擔產生很大的改變。

飲水機每月的費用約為四千日圓。

雖然乍看之下覺得浪費，但如果不花這筆錢節省下來的話，會增加自己的壓力，甚至影響夫妻和親子之間的關係，這樣是不是更不划算呢？

另外，應該也有不少人認為老公做的話就不用花錢，而不願意支出這筆費用吧？

有一次，一位女性朋友因為「老公不幫忙做家事」的煩惱而找我商量，我回答她「我才不會讓我最愛的老公做家事」，她聽到後覺得非常驚訝。

這位朋友一直覺得請專人打掃清潔費用太高，希望老公能多幫忙做些家務。

但如果兩人都對互相推來推去、不願意做家事而感到煩躁焦慮，我認為不妨選

擇「花錢解決」的方式。

後來，她就下定決心請清潔人員來打掃，並說道**「其實自己發現以前失去的東西遠比金錢還要多」**。

當然，捨不得花錢的不只是在家事上。

有一位定期參加付費研討會的女性朋友，認為「坐計程車太浪費」，即使拖著沉重的行李還是滿頭冒汗的擠地鐵走路前往，到了會場已經精疲力盡。結果，在重要的課程開始已疲憊異常、完全無法集中精神。

為了省那麼一點錢，結果反而無法充分吸收繳了相當費用的研討會內容，實在是本末倒置的行為。浪費了原本想投資自己的美意，真是得不償失。

還有一位朋友，因兼職的需要一直想買蘋果電腦而猶豫了一年。我聽了之後便鼓勵她「今天趕快去買吧！」，她便馬上展開行動。結果，這讓她的事業進展順利，賺了幾百萬日圓。

尤其是投資在能讓自己賺錢的事物上，是特別聰明的花錢方式！

察覺到以整體人生的角度來考慮，自己必須優先重視的事物是什麼？會比眼前支出的金額更重要。

這才是能與金錢相處融洽的祕訣。

愈忍耐不買自己想要的東西，收入就會減少!?

我經常聽到有人說以下的話，例如「一旦提升了生活水準，就很難再降低，所以不要輕易提高」或者是「每月的租金最好控制在收入的三分之一以內」。

我以前也很認真遵守這些原則。

但是，從自己創業開始，體會到「房租降低，收入也會降低」的法則。

從我創業以後，實際上搬了四次家，從六本木到勝鬨，再到豐洲，最後到杜拜。後來我發現自己的收入和房租金額完全成正比，這讓我非常驚訝。

因此，如果你想提高收入，我認為「提高每月租金支出」是一個非常有效的方法。

雖然另外有人認為「收入稍微提升了一點，但還是不要輕易提高租金支出」，自己並不認同這樣的說法。

我認為節省花費，就像是自己對自己下了「你以後會比現在更窮」的詛咒。靜下心來想想，自己的技能漸漸純熟，人生體驗也會愈來愈豐富，在工作上的表現或能為他人提供的服務也會逐漸提升水準，收入每年往上提升是理所當然的事。

每個人每天不管做了什麼事，都會有所成長，未來比現在更充實富裕的可能性極高。原本應該為了那充滿豐富體驗的未來預做準備的現在，卻因為要節省花費而忍耐不買自己想要的物品，這就是自己對自己下了「將來我會比現在更窮困」的詛咒。

因為對自己下了這樣的詛咒，實際上也變得更窮。如果相信自己在未來會比現在過得更富裕而充實，就算現在馬上買下自己想要的物品，在未來也不可能因此而後悔煩惱吧！

所以從現在開始，請馬上停止詛咒自己「我之後會比現在更窮」。

前面雖然這麼說，但現今社會上也有大部分的人和以前的我一樣，認為「將來的自己不太可能會變得更有錢」。

這我也能了解，這是因為這幾年來日本的平均薪資完全沒有調升，反倒還下修的情況所造成。

但如果自己內心有著「只有他人發給自己的薪水，才是自己能得到的收入」這種想法，會變成「不可能比現在有錢」也是理所當然。其實每個人都可以嘗試換工作、兼職或創業，依照自己的能力盡量提高自己的收入。

（在本書的第四章和第五章將會向各位介紹增加收入的方式）

因此最重要的關鍵在於，洗刷這種迷思。

不要讓自己捲進收入一定會減少的負面思考漩渦裡！

在超市裡練習買自己最想要的物品，
而不是選便宜的買。
以前的我選這個
現在我選這個
1ℓ
¥198
500mℓ
¥548
家庭用
優質
醬油區

第3章

你也可以實現夢想！不為金錢苦惱的人生第一步驟是？

今天我看到B前輩和家人日常生活的樣子，真的覺得這樣沒什麼壓力耶！
這應該是我慢慢戒掉忍耐自我喜好，逐漸認真傾聽自己內心滿足自我的結果吧？
但這樣很花錢吧？公司的薪水會夠嗎？
要付計程車錢新家電用品的錢保母費什麼的……
就刷卡、跟父母借，試了很多方法啊！
不會吧？已經出社會了，還跟父母借錢，這我做不到！
這不就是去借錢嗎？

對了！對了！
那C小姐
跟那個人氣部門的新星男
後來有什麼發展嗎？
別再聊錢的話題了……
我們有加LINE，
也有繼續聊，沒想到他是
個有點害羞內向的人……
看了○○電影了嗎？
還沒看過耶！
聽說很有趣喔！
本來以為會約我去看電影
以前我都沒有勇氣
自己開口約男生，
但沒想到這次
我一開口邀約，
他就很乾脆答應了♪
下禮拜天
要不要去
看那部電影呢？
當然好啊！
那看完後要一起吃個飯嗎？
C小姐也是
受到小田桐小姐的影響，
『想要的東西就說想要、
想做的事就馬上去做』
改變自己用錢的
方法了吧？
我想要…！
我想做…！
對呀！
而且我也改了在交友網站上的
照片和介紹，
展現自己原本的風格！
還很多人給我按讚呢！
不擅長料理，但很喜歡吃美食！
不過分打扮，也不刻意樸素
放自己喜歡的照片

公司的A前輩
B
C
D
─然後我現在其實同時跟幾個對象交往呢！
真不好意思♡
真不錯耶!!
啥？
哈哈哈…
C小姐，這樣開放好嗎？
但是她絕對比從前要開朗、亮麗多了！這樣一定會受歡迎的！
驚～
好快樂
嗯～這樣也無所謂，這是她個人的自由啦！這樣的話會變成什麼樣子呢？
心煩意亂
…
從剛開始就看妳好像在想什麼事的樣子？A小姐想要過什麼樣的生活呢？
呃！
哦……我還沒想到那裡耶！我想我只能過著符合自己身分的人生吧？
你們兩人好厲害！
…
C小姐也太厲害了！
欸～♪

什麼是自己所謂的「沒有金錢壓力的人生」？

各位對A、B、C三個人的對話，有什麼感想呢？

我本來也和A小姐一樣，屬於「不知道自己想過什麼樣生活」的那一類型。

在二十幾歲的時候，因為覺得低薪太理所當然，只想著「過符合自己身分的人生就好」，連想要過得更充實富裕的期待都不曾有過。

而讓我的金錢觀和人生產生強烈改變的最重要因素，是在手帳中試著寫下「自己理想中的人生」。

因為實際寫在紙上，看到很多內容都覺得非常訝異，心想「啊？我居然想做這樣的事啊？」

寫完願望清單後，自己就忘了那張紙的存在，繼續過著一成不變的生活……。

過了半年之後，我突然想起這件事，把那張紙翻出來一看，居然有好多個願望已經實現，自己又再次大吃一驚。

會覺得驚訝的原因在於，大多數的願望並非自己「為了實踐夢想而做了什麼努力」，而是在每天平凡的生活中自然實現！

因此我體會到「在紙上寫下自己願望的強大威力」。只要事先在紙上寫下願望，天上眾神或潛在意識什麼的便會自動輸入資訊，然後自行實踐成真。

所以我每隔一到兩年，就會更新自己的願望清單，持續至今已經有十年。實際上，也有許多願望都能實現！因此自己十分推薦這個方式，各位也請一定要試試看。

第一次嘗試書寫願望清單時，各位一定會不知道該怎麼寫才好吧？我自己第一次寫的時候也全力奮戰了兩個星期，心裡緊張不安地想著「這種事可以寫嗎!?」

因為是寫在自己手機的筆記本裡面，也沒有其他人會看見，但很奇怪的是

會覺得有些不好意思，或是像做了什麼壞事一樣的緊張。

雖然花了這麼多的時間和力氣為這張願望清單奮鬥，但對寫出來的內容自己也有點摸不著頭緒，或是覺得和自己的關係太遙遠……，最後雖然有試著寫出來，但也完全不知道願望要從哪一個開始實現才好，只能先把這張清單擱著不管……。

雖然如此，也不知道是什麼原因，寫在上面的願望也慢慢一點一點地實現成真。

所以真的建議各位要試著寫一次。把腦海中的願望化成文字，是最基本、最初步的實體化過程。也可以說，如果連轉換成語言文字都無法做到的模糊理想，想要實現成真也非常困難。無法寫得很好也沒有關係，請各位一定要發揮自己的想像力，無邊無際地忘情想像「自己的人生要怎麼樣才能算是完全不用為錢所苦」。

自己喜歡什麼？對什麼事物會感受到幸福？對什麼事物能理解其價值？有錢的話想要做什麼事？這些問題的答案，就是能使各位從今而後的人生轉變成更富裕充實的極大關鍵所在。

我在十年之中領悟到可實現與不可實現夢想的不同

以前我把這類清單稱作「夢想清單」，並告訴大家「把自己的夢想寫下來吧！」，但從幾年前開始，我覺得「夢想」這個詞有點不合適。

因為我寫在清單上的內容，既沒有「夢想」這個詞給人帶來的那種遠大壯麗感，也完全不是那種多漂亮的東西。

與其說是夢想，不如說是一張任性的清單，充滿了自己各種俗氣的欲望！（笑）

大腦中思考出來的那些漂亮完美理想很少能實現，**反倒是那些從心中湧現的各種莫名其妙的欲望卻常常實現成真，真是令人非常訝異。**

世上的多數人都覺得「我渴望理想的人生，但又不可能實現」，於是就以這樣的心態過日子。但其實我們內心真心思索、描繪的事，全都在「當下的現實」中實現。

「現在的人生竟然都是自己曾經期待的樣子」，你不覺得很驚訝嗎？

當我知道這件事時，與其說是震驚，不如說是絕望。

我原本以為我的人生不會按照理想發展，而事實上它也確實沒有「完全符合理想」，而是按照「自己內心所願」而發展。

譬如說，我曾認為「自己無法成為有錢人，如果要在愛情與金錢之間作抉擇，我會選擇愛情」，所以我真的很窮。因為我認為「靠自己的力量增加收入很難」，因此我的收入也的確沒有增加。

但當我了解原來可以不需二擇一時，我就能同時擁有一切。在我知道，只要自己非常努力，就可以盡己所能提高自己的收入時，實際上，我的收入也隨之提高。

無法實現理想的人，有一個特徵：那就是**「大腦中的理想」**和**「心中浮現的欲望」完全不一致。**

「身體」的行為表現，常常會以「內心思考」的事物優先。頭腦裡描繪的崇高理想難以實現，但心裡期盼的「我想這樣做的事」卻都會全部實現。

例如，腦袋裡雖然知道「我要變瘦」，若實際上內心卻是想著「我想吃很多喜歡的零食」而使身體優先做出大吃零食的行為，最後實際上展現的結果，就是身上的脂肪了吧！

過去的我，**腦袋裡雖然「渴望很多錢」，但內心卻是以「不想失去穩定**

生活」、「不想失敗」的想法優先，所以實際上的收入，才會難以增加。

正因為我真心改變為「我想要很多錢」時，才真正獲得大量的收入。

因此，實現理想人生的第一步就是「隨心所欲的生活，讓頭腦、心靈和身體達成一致的狀態」。

首先，我們要知道自己現在的人生並不是大腦中所描繪的狀態，而是內心期待事物實現的結果。能自我察覺、認清自己內心真正的渴望非常重要。

為了做到這一點，我們需要擬定製作的不是夢想清單，而是欲望清單！

「欲望」這個詞可能會讓人產生負面的想法，**但如果沒有欲望，我們就不會有毫無金錢壓力的人生。**

從心裡自然湧現的欲望，與腦海中思考的理想不同，擁有十分強大的力量。

正因如此，才能真的改變人生，讓人生變得更加充實而富裕。

所以，我經常說「要清楚了解自己的欲望！」、「坦然面對自己的欲望，是生活富足的第一步驟！」因此，在自己的講座課程裡，學員們第一件要努力做的事，就是寫下自己的欲望清單。

正如前面所提到的，語言化是第一個具體化的步驟。那些無法用言語描述、模糊不清的欲望無法真正實現。因此，鼓起勇氣寫下自己的欲望，會讓你真心所思的人生更加清晰明確，進而能全部成真！

這個方式，已經有很多女性實際體驗過。

那麼，請在下一頁的表格中練習實際寫下來吧！重點是要如實記錄下自己內心覺得「不知道為什麼就覺得很棒！」、「能這樣超讚的！」或「真是讚到沒話說！」的這種欲望，而不是只寫出大腦中的理想。

盡情想像一下，對自己來說無金錢壓力的生活是什麼模樣？並盡情地紀錄下來吧！

小田桐流欲望清單

寫下自己的欲望清單

書寫時無需考慮自己的現況、現實環境、能不能達成和太枝微末節的小事。寫到一半想要改變心意也無妨，總之先記錄下自己當下的想法吧！下面會先具體介紹容易想到的 6 大項目供參考，如果覺得那個項目不知道怎麼寫，就忽略它自由發揮也無妨。

美容保養、健康

- [ ] ....
- [ ] ....
- [ ] ....
- [ ] ....

工作

- [ ] ....
- [ ] ....
- [ ] ....
- [ ] ....

人際關係

- [ ] ....
- [ ] ....
- [ ] ....
- [ ] ....

金錢

- [ ] ....
- [ ] ....
- [ ] ....
- [ ] ....

自己的夢想

- [ ] ....
- [ ] ....
- [ ] ....
- [ ] ....

物質方面的事物

- [ ] ....
- [ ] ....
- [ ] ....
- [ ] ....

- 想不出來的話要怎麼辦呢？……可以試著想像如果自己有十億日圓時想做些什麼事？
- 內容寫得愈多愈容易實現，可以試著運用筆記本等工具詳細條列！

講出自己「想留下美好回憶」的願望後發生的一石二鳥效果

想與各位分享，自己近來在關於金錢和欲望方面達到的一個新境界。

我想應該有許多人在人生中追求的就是「想過得好，留下美好回憶」吧？

以前的我總是想著「自己出生在普通家庭，不是特別漂亮，也沒有什麼特別的才能，所以過這樣的人生也是理所當然。」

但某天，我突然意識到「即使自己什麼都沒有，也能渴望過得好、有個美好的回憶吧？只是許個願而已，許什麼願望是個人的自由吧？」從那一刻開始，我便**展開「賺很多錢且幸福過生活」的人生。**

「想過得好，有美好回憶」的欲望，應該是每個人都期盼的。

但很多人覺得這是一種「厚臉皮」的想法，而選擇將它隱藏起來。人們會想「大家都在忍耐，我也必須忍耐……」、「如果只有自己過得好，會被認為很自私吧……」。

我曾經也有過這樣的想法，所以非常了解這種心情；但這樣的話，無論是自己還是他人，都無法為你帶來幸福。自己的幸福還是需要自己作主，自己主動去追求。

因此，想要擁有沒有金錢壓力人生的第二個步驟，**就是坦然面對自己「我也想過得幸福、留下美好回憶」的欲望，並向周遭的人表達出來。**

每個人都是獨一無二的存在，為了追求幸福而來到這個世界上。也可以說，人生不會有「追求幸福」以外的目的吧！(笑)

所以，我們應該挺起胸膛、大聲說出「我也想過好日子、想要有美好回憶」，不需要隱藏「自己想要過得幸福」的想法！

我知道有些人會覺得這種想法難以對他人說出口，但如果自己不表達出「我想過得幸福！我想擁有美好回憶！」的想法，周遭的人也不會這樣對待你。

例如就以薪資來說，往往「只有」主動向上司提出要求、進行談判的人，才能獲得加薪。

若想要和條件好的優質男性交往，也需要自己主動去接觸。

我經常在言語上和社群媒體上公開表達自己穿著高級名牌、住奢華飯店，因此周遭的人也會送我高級名牌的禮物，並且覺得「如果要和小田桐小姐一起吃飯，就得先預訂間好餐廳才行！」。

只有從自己開始主動表達出「我想過得幸福！」、「我現在過得很好！」，周圍的人才會開始不斷幫助自己過得更幸福。

當我談到這些時，很多人會說：「我怕遭人嫉妒。」但自己能過得幸福、有美好回憶，不是比遭人嫉妒而傳出風言風語還來得重要許多嗎？（笑）

被他人嫉妒、遭人非議之後，反而可以因此清楚認知「不需要和這個人往來」，而且嫉妒自己的人也不會讓你有什麼美好回憶……。

透過遭人嫉妒這件事，還能認清哪些人值得往來、哪些人應該別再聯絡，也可清楚辨別哪些人對自己有益、哪些人則否。

所以，各位慢慢試著向周遭表達出「我想過得幸福，有美好回憶」、「我過得很幸福」的訊息吧。

這樣各位不僅能受到更好的對待，還可以趁機整理不必要的人際關係，真是一舉兩得！

比讓人覺得貪得無厭還應該要優先的事是……

一旦開始著手實踐之前談到的方法，我想有許多人可能會擔心被周遭的人認為自己「貪得無厭」或「低俗不雅」。

但是，我認為有些事情比這些顧慮更值得優先考慮。

你真的有好好珍惜自己和妳的家人嗎？

如同我在第七頁中所提到的，我認為金錢可以解決多數人九九％的煩惱。

或許有人會不平地回應「這道理我早就知道了！但不就是因為沒錢才這麼辛苦啊！」以下，我會做更進一步的補充。

結果，金錢是人生的全部。九九％的煩惱都能用錢解決

相關的基本概念已經在第七頁中提過，現在我就繼續補充說明相關的想法。

我認為那一％無法用金錢解決的問題就是「人際關係」，但即使是這樣的問題，有很多也能透過金錢來解決。

尤其是夫妻關係。家裡會發生的問題，不就是常常都是因為沒有錢，而從小小的不愉快演變成大衝突的嗎？

例如，處理垃圾和洗碗這類家事，因為夫妻雙方都不想做，就會發生「這你來做吧！」、「我自己也不想做！」的情形，互相推卸責任。

但如果有錢，兩人都不願意做的家事就可以選擇請專業清潔人員來打掃，或購買洗碗機解決。

此外，只要有錢，日常生活中也可以選擇避免疲憊不堪和煩躁焦慮的選項。

像睡在一張好床上、以計程車為交通工具、不花時間排隊等候。

我的課程學員中，許多人在賺了錢後學會有效運用金錢，家裡的各種問題也隨之迎刃而解。

金錢也能解決所有育兒、教育和叛逆期的煩惱

另外，我也想再分享一個用金錢解決煩惱的例子，這次是關於「孩子的照顧」與「教育」方面的問題。

我家的大女兒很有主見。在她剛進日本幼兒園時，馬上就說「我明天不去幼兒園了！」這實在讓我非常困擾。（笑）

在無計可施之下，每次都得搬家和轉學，最後總共換了六所幼兒園。

每次我都問她為什麼不喜歡去上學？主要原因是「因為座位都是固定的、要聽老師的話，而且要按照老師說的話做事才行」，這些規矩讓女兒很不喜歡。

這樣一來，我想日本的學校教育體制，應該不適合她吧。於是，我放棄讓

她在日本的學校上學，為了教育的問題，舉家搬遷到國外。

我知道，現在全日本有很多孩子不願意上學。

我認為，這可能是因為這些孩子本能地發現「做這些事沒有什麼意義」。在學校裡，只是把老師寫在黑板上的內容抄寫在筆記本上，或是要不停背誦在網路上搜尋一下就可以馬上找到的內容……。

在以前沒有網際網路的時代裡，知識只能存放在自己的腦海中，因此背誦記憶是非常重要的功夫。

但現在時代變得不同了。

我希望孩子們把時間花在他們「真正感興趣的事情」上，而不是把珍貴的光陰和力氣花在能透過電腦搜尋，一秒鐘即可得知結果的計算和背誦上。

所以，為了有一個能讓孩子盡情發揮、做自己喜歡的事的環境，我們全家移居杜拜，讓孩子進了一所可以每天盡情自由玩耍的學校。當然，我知道日本也有很多不同教育理念的學校，也實際做過調查，但我認為國外的環境更適合

我和女兒，因此我們選擇了移居國外。

如此一來，在這兩年裡我的女兒竟然再也沒有提起「不想去上學」的事了！

這樣看來，孩子不想上學的問題，其實也是可以透過搬家和轉學解決。參與講座課程的學員裡也有人做了這樣的決定。

只是，搬家並不是件容易的事，追根究柢下來，不還是花費的問題占了絕大部分嗎？

再加上當孩子長大後，會經歷幾乎讓所有父母都感到身心疲憊的叛逆期。

我不希望和女兒在她叛逆期時彼此產生衝突，讓雙方感到煩躁不安，因此考慮讓她上全天制的寄宿學校，但這到最後，也是費用的問題。

我將照顧孩子的工作委託給住在家裡的全日到府保姆照顧，並考慮讓她上寄宿學校，這些作法常常被人批評為「沒有愛心」。

但是，連日本皇室都會請保母一起照顧孩子，去國外留學也很理所當然，一般民眾也沒有為此有什麼批評的言論。為什麼普通人這麼做，就被批評缺乏母愛呢？這點實在讓我感到非常疑惑。

順帶一提，在日本有一種觀念認為母親應該儘量和孩子相處。然而，在東南亞的一些國家中，認為「怎麼賺到學費」的重要性往往超過「和孩子在一起相處的時間」，也有許多國家認為前者更是能展現一個母親愛護孩子的程度。

珍惜關愛孩子的方法，不止一種。

只要詳細思考後，找到最適合自己的方式並付諸實踐即可。

為了能好好珍惜重要的自己和家人，我們不應該再壓抑自己的欲望了！

如果想要馬上湊到實現夢想的金額

那麼，到目前為止，各位是否已經清楚了解對自己來說「沒有金錢壓力的狀態」是什麼樣子了呢？各位是否已經從內心深處覺得「我想要錢！想花錢！想過好日子！」了呢？

如果是這樣，那麼接下來的步驟，就是怎麼立刻讓金錢增加。

在這種情況下，我們經常聽到「吸引」財富或「天降橫財」這樣的說法，但我認為這些表達非常抽象。

需要明確表達自己想要的是什麼？是想要別人給你錢呢？還是想要賺錢呢？或是想要借錢？

我想應該沒有人會真的希望「錢從天上掉下來」吧？但即使有這樣的想法，這種情況也是不可能的吧!?

基本上，想要手中有錢，只有幾種固定模式。

就是去賺錢或借錢，不然就是他人給予或是讓錢增加。

因此，也只能從中選擇其中一種方式進行。

如果現在立刻需要十萬日圓的情況下，例如「想購買某個商品，如果今天不買就會賣光」等等。

在這種情況下，建議選擇「借錢」或「他人給予金錢」的方式。

因為要自己賺錢，一定需要提供某些事物。

無論是能賺到稿費程度的文章內容、經驗分享、演講、影片、設計或是商品等，都需要一定的準備時間吧？可能需要一個月或更長時間。

而選擇借錢的話，所需時間取決於個人選擇的借款方式。

例如，從公家機關或銀行借錢需要大約一個月，和賺錢所需時間差不多。

最迅速的方法是信用卡貸款，雖然利率較高，但如果能在一個月左右還清，利息幾乎為零。

此外，向父母、配偶或親戚「借錢」或「拿錢」的話，依情況不同可能只需要一個小時就能解決。（借錢的利息還可以商量，是不需要利息的吧？）

因此，「借錢」或是「他人給予金錢」是最快的方法。

在這裡，臨時幫各位進行一個小測驗。

無論是「賺錢」、「借錢」還是「他人給予金錢」都可以，這些方式中有一個共同點，就是在所有情況下，不管是什麼方法，都必須先做一件事，才能得到金錢。

那是什麼呢？

答案是口頭上說出「自己需要錢」。

依照不同的對象，如果對方是：

- **自己的先生或父母，那就是「得到金錢」或「借錢」、**
- **金融機構，那就是「借錢」、**

● 二手交易平台或自己的社群粉絲等對象，那就是「賺錢」。

也就是說，需要對誰說出「我需要錢」。

而依照表達需求對象的不同，會決定是借錢、賺錢還是從他人得到金錢。但剛開始的行動都一樣。首先自己心中要明確理解「為了達成這個目的，需要多少錢」，然後對某個對象說出來，不這樣做的話，錢就不會來到自己手上。

因此，首先一定要做的事是在自己內心釐清「我需要多少錢？」、「什麼時候之前需要這筆錢？」、「為了什麼目的需要這些錢？」這些問題，然後說出口。

這是絕對必要的第一個步驟。

跟父母拿錢很過意不去

有人曾經問過「在接受父母親給的錢時，會覺得很過意不去。自己應該接受嗎？」

首先，我認為基本上什麼「應不應該」的問題並不存在。

如果有的話，可能只有「應該要過得幸福」這一點。

如果你不想接受某筆錢，那就不需要接受。

例如，如果有陌生老頭突然說要給妳一大筆錢，也會覺得渾身不對勁吧？

即使對方說「不會要任何回報」，自己也會覺得有點害怕而不想接受吧？

也就是說，妳可以接受自己想要接受的錢，不想要的錢不要接受就好。

如果自己從父母那裡拿到錢後覺得很高興，甚至還想要更多，那就接受也無妨。

我自己是絕對不會接受陌生老頭給的錢，但會接受父母親給的錢。

然而，很多人會覺得從父母那裡拿錢會產生強烈的罪惡感無法承受，甚至會因此而討厭自己。

但是請想一想，**如果父母過世時，你是他們壽險的受益人，應該沒有人會因為「感到抱歉而不想接受」這樣的理由而拒絕領取保險理賠金吧？**

無法接受父母給予金錢的人，通常是因為父母在世時，為了讓自己有更好的生活而不辭辛苦的工作，才會讓他們產生愧疚抱歉的情緒。我也不是不能理解這種心情。

但是我們不妨換個角度，試著從父母的立場來思考？

當父母想要給孩子金錢時，孩子能不拒絕而欣然接受，父母才會感到比較高興吧！

雖然我常公開地說「我只有在想照顧孩子的時候才會動手去做」、「現在

全由全日到府的二十四小時保姆負責」，但當我重新思考自己賺錢的目的時，最主要的還是希望自己的女兒能幸福過生活。

即使很難接受和父母開口拿錢這件事，**但我們都理所當然地接受父母親為自己支付學費吧！**如果父母想給子女金錢，我認為接受反而會讓他們更開心。

以前我認識一位老太太，她說「女兒實在太可愛了，所以我自己只有吃鹽巴配飯來存錢」，如果這位老太太想這麼做，那就尊重她的喜好吧！因為這是屬於她的幸福。

最後，我仍然覺得欣然接受父母想給予子女的金錢，才是讓父母感到高興的方式。

儲蓄並不等於是正確做法、借錢並不等於是壞事

我想有些人對「借」錢一事感到抗拒，所以我想在此稍作說明。

而在此之前，我們再談談「儲蓄」這件事。

以前我也認為「為了應付緊急情況，儲蓄是絕對必要的行為」，所以對自己沒有存款一直感到非常罪惡。

很多人認為「存錢＝正確」、「借錢＝壞事」，但事實並非如此。

當然擁有足夠存款，在什麼都不做的情況下，可以應付幾個月的基本生活所需，對精神上的穩定很有幫助。

然而，現在與利率節節高升的時代不同，再加上物價也不斷上漲，只有存款的話，錢只會愈來愈薄。

自從我開始創業之後，多次面臨資金短缺的狀況，但每次都透過臨時貸款來度過難關。

有很多人對貸款過度恐懼，但其實向金融機構貸款，只是支付利息來購買金錢而已。

例如，以一五%的利息借款一百萬日圓，然後在一個月後償還的情況。利息約一萬日圓，也就是說你花一萬日圓買下了一個月的時間。

其實像信用卡和房貸，從基本上來說，都是借款。只要先計算好利息，不需要過度恐懼。但不推薦利息高的信用貸款、預借現金和無擔保貸款，只有預計自己能在一個月內還清的情況下才考慮使用。

另一個典型的無用儲蓄代表就是為子女的學費存錢。因為學生貸款的利息非常低。在二〇二三年三月時的就學貸款固定利率為〇・九〇五%左右，與其準備現金支付這筆開銷，不如將這些錢用在投資理財上並申請學生貸款，財富才會增加。

在第五十七頁時已經提過「儲蓄即美德」的這種觀念，原本是第二次世界大戰時的一項國家政策。當時的日本政府為了籌措資金，便想出普及國營郵政儲蓄的政策，而營造出儲蓄的文化。

在更早之前的江戶時代，人們基本上錢財都不會留過夜。遇到發生火災時，只會拚命保護客人的帳簿。

因為只要有了客戶的帳簿，就又能東山再起、做生意賺錢。

對生活在時代更迭、社會急遽變動的現代人而言，依賴存款金額帶來安全感，還不如更應該擁有像江戶時代那樣活在當下的心態。

若試圖用金錢解決對人生的茫然不安，會耗費巨大的成本。為了應付完全沒有任何具體形象、純屬推測的「萬一」而儲蓄，**永遠不會覺得金錢有足夠的一天，會一直處於感覺匱乏的狀態。**

根據美國哈佛大學經濟學教授森迪爾・穆賴納坦（Sendhil Mullainathan）和美國普林斯頓大學心理學教授艾爾德・沙菲爾（Eldar Shafir）在《總是「時間不夠用」的

你——匱乏的行為經濟學》（早川書房出版）一書中提到一項實驗結果，就是人們在對金錢感到不安時，判斷力會大幅降低。

這項實驗在印度的農業地區進行。

在農民收成前「錢不夠用的狀態」下和收成後「擁有充裕金錢的狀態」時進行智力測驗對照，結果顯示，收成後的測驗答案正確比例**高出約二五%**。

在金錢方面，若是處於被眼前的「匱乏感」奪走大部分注意力的狀態下，會使人失去以長期遠大的觀點思考如何提升自我收入的能力，一直執著計較於眼前的每一分錢，為節省幾塊錢而情緒煩躁，會產生財富永遠都不會增加的惡性循環。

據實驗結果顯示，這與個人擁有的存款金額無關，而是由「匱乏感」來決定。

要擺脫這種惡性循環，首先必須打破「為了以防萬一，存款愈多愈安心」的傳統觀念。關於這一點在第二三〇頁也有詳細說明。

即使是很突然的情況下，也可以向周遭的人借錢、向政府單位或民間機構借款，或者透過健康保險、失業保險和社會福利措施等等，有很多管道可以解決問題。

特別推薦的方式是先向家人借錢或接受家人的資助。

應該也會有像A小姐這樣感到焦慮不安的人，都值得試試看這種方式。

像前面提到的一樣，向家人借款通常沒有利息，即使每個月小額償還個五百日圓也能接受，有時甚至完全不用還，是個毫無損失的方式。

總是無法成功持續記帳的人也會有其他天分！

長期貧窮度日的我，當時一直認為自己沒錢是因為「無法好好管理金錢」。

- **每次看到有關育兒或年長退休後所需資金的新聞，便因無法存錢而焦慮；**
- **每次在女性雜誌上看到「我的家用管理技巧」這類的專欄，就會責備自己無法做到；**
- **每次都想要挑戰好好管理金錢，努力了三十年……。**

買了各種市售的家庭記帳本，用B5大小的橫格線筆記本試著自己畫表格整理收支、將收據分門別類放進信封，嘗試使用各種家庭記帳管理應用程式等。每次學到新的方法，都信誓旦旦告訴自己「這次一定可以成功！」，但實際上大概試了一百次左右，每次最多只能堅持三天。

那時，真的是不管做什麼都不順利，財富也沒有因此而增加。

現在冷靜下來思考便發現**「就算記帳不會讓錢變多」**。

尤其是**對於不擅長管理家庭收支的自己，再怎麼想很明顯就是努力的方向錯誤。**

能夠妥善管理家庭收支的人，不是那些覺得討厭卻拚命努力的人，而是喜歡並擅長這件事情的人吧？

在這個社會上有記帳士證照和會計師這種職業，這些人不僅能輕鬆完成金錢計算和管理，甚至有人專門朝這個方向拚命努力。

以前我也曾嘗試挑戰學習記帳，但在翻開教科書的第二頁時就馬上放棄。在公司成立時，我也認為總算這次一定要學會管理金錢了吧？但想歸想，最後還是到了現在什麼也沒做。

但多虧有非常能幹的員工和會計師，公司經營到現在已進入第八個年頭，業績仍然穩定成長。既然有專門學習管理金錢並擁有相關專業知識的人，**還要特地把自己的資源投入不擅長的領域上，誰也得不到好處。**

當然，我知道有人即使收入與當時的我相同，也能善加管理運用過日子。

但每個人都有與生俱來的喜好和價值觀。

有些人每天穿同樣的衣服、吃速食也感到很幸福；而有些人則喜歡嘗試穿不同的時尚服飾，熱愛高級美食餐廳。

這並不是誰好誰壞的問題。

既然自己與生俱來就是如此，那麼除了把這種價值觀當成才能善加利用之外，也別無他法。

以前的我，應該做的不是努力做好不擅長的家庭收支管理，而是利用自己擅長的事提高收入。

和我一樣**不擅長記帳的人，應該有很多其他「喜歡」的事或「擅長」的領域吧？**

要不要考慮運用這些才能來提高收入呢？

可以存到錢的
家庭記帳本
市售家庭記帳本
自己整理在B5橫線
筆記本中的自創家庭記帳本
…
家庭
收支管理…
全都是三天打漁、
兩天曬網…
飲食費
電費
日用品
將收據和預算分類
家用記帳APP

第4章

在不自覺中被剝削時，可以做的事情

雖然懂那個叫小田桐的人在講什麼，但自己應該無法……
認真工作的話，薪水和獎金也會慢慢往上漲吧？
在泡澡時不戴眼鏡就看不見的人
但電費也一直調漲，實在心痛！
雖說要泡澡，但總覺得很浪費。至少留下的洗澡水，可以拿來當作明天洗衣服時用！
用泡澡水洗衣
滴水
呼～每天都很累，但明天還是得去公司～
呼—
早安！
A小姐！最近啊！我找到自己想做的事了。
欸？是什麼事？

我想把自己喜歡的事當成副業。
還有啊！在公司做事時，我也決定只做自己喜歡的事♪
呵呵呵♪
這種事有可能嗎!?
做副業……那公司的工作……
這個嘛！不試試看怎麼會知道呢！
每次工作只會增加……
但是我們如果一直像現在這樣，什麼都不知道、持續工作，好像會吃虧！
妳該不會又是看了小田桐麻氣小姐的講座了吧!?
沒錯！我覺得不管經不經營副業，對金錢方面感到不安的話，先多了解一點也是很好的呀！

愈是被教育和社會體制馴服的「乖孩子」……

以下是我在講座課程中，關於金錢的章節裡強調的內容。

首先，我們來談談自己現在接受的日本教育。

每所學校使用的「課程綱要」，是統籌日本教育、科學、學術、文化與體育事務的「文部科學省」制定的教育課程標準。這個標準最早是因為明治時代需要進行軍

想經營副業或創業的人
想提高薪水、出人頭地、換工作的人
想解決對金錢感到茫然不安的人
我們從了解當今社會運作的機制和規則開始吧！

事教育，所以參考國外教育制度所制定的教育標準。

其目的正是「培養軍隊！」＝「強迫人們努力完成不喜歡的事」。

例如，在學校裡，我們會被要求努力挑戰自己不擅長的科目、遵守校規、完成打掃環境和營養午餐時的值日生等任務。學校是培養適應軍隊生活技能的地方。

目的是培養在軍隊中易於管理的人才，而這也成為現今學校教育的基礎。

各位會想問「現在還是這樣嗎？」是的，沒錯。

大家可能沒注意到，但軍事化的教育方式竟然延續到令和時代。

因為在軍隊中容易管理的人，在工廠或企業中也容易管理。

在學校和公司裡，愈努力，評價會愈高吧？

因為主要的基本精神和規則並不是發展自己的興趣和專長，而是「克服自己不擅長的事」。

這樣的體制非常適合於勞動者。

因此，從小我們就被教育成一般所謂的**「容易管理」的公司職員。各位是不是覺得很震驚呢？**

我過去曾經有過「想賺更多錢，想更有錢！」的念頭時，只想到升職或跳槽這兩個選擇。所以我才會換了七次工作。

雖然也可以說是因為我不知道還有其他選擇，但試著仔細思考，為什麼會有這種情形呢？就發現是因為**那種「愈努力克服不擅長事物，愈能受好評」的觀念已經深植內心。**不僅是我自己，大家是不是也是這樣呢？

所以便產生努力工作、升遷、跳槽就能賺到更多錢的「誤解」。為什麼這是一個誤解呢？接下來我會仔細說明。

公司職員只是「稍微能幹的奴隸」

我們常常覺得古代建造金字塔的奴隸很可憐，但公司員工的工作，基本上與奴隸做的事沒有太大的區別。

當時，他們為了眾人覺得重要的法老王陵墓而拚命工作，現代的人們也為了某些事情拚命賣力工作。

如果仔細思考，奴隸和公司員工在本質上並沒有什麼不同。

在公司內部升遷，只不過是成為「等

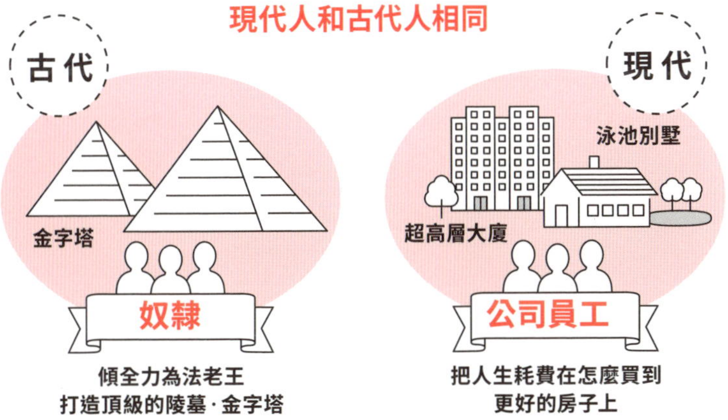
現代人和古代人相同
古代
金字塔
奴隸
傾全力為法老王
打造頂級的陵墓·金字塔
現代
泳池別墅
超高層大廈
公司員工
把人生耗費在怎麼買到
更好的房子上

級稍高一點的奴隸」，負責管理指揮其他奴隸而已。無論如何，本質上還是奴隸沒有改變。

想要加薪、升遷或獲得一個響亮的頭銜，就和說「我想要成為更高等級的奴隸，想要銬上更高等級的枷鎖」一樣。

和腳上的鎖鏈變得更華麗後，向他人炫耀「你們看，很了不起吧？」是一樣的行為。

任何所謂的公司或團體，無論其性質如何，都是為了實踐創業者心中描繪的夢想、想要打造出如此狀態的理想社會而存在。

隸屬於這間公司、為其工作，就是在協助創業者實現他個人的夢想。

你並不是實踐屬於自己的夢想，而是協助他人實現夢想。

要擺脫公司員工這個「奴隸」的身分，只能從自己動手做些什麼事開始。

不是去協助他人實現夢想，唯有從自己開始呼籲「我想這樣做！有誰來幫忙嗎？」的人，才能真正實踐自己的夢想。

因此，我展開自己的事業，希望推廣女性自我實踐的方法，但這也不是一蹴可幾。

首先，希望各位能試著仔細思考一下「自己是否有投入自己的時間和精神，實現自己的夢想？」

理解這樣的事實後，深感震驚的就是那些稍微等級稍高一點的奴隸，也就是已經在公司內獲得升遷的人吧？

我曾經也是如此，許多講座課程的學員也是公司員工。

但這並不是說不能當公司員工，或是不好。

只要是經過自己仔細思考和選擇，並且這個選擇讓自己感到幸福，那麼任何選擇都是正確答案。

那麼，該怎麼做呢？

首先，要有自覺。

然後，再根據自己的意願選擇如何使用金錢和喜歡的生活方式。
後面我會介紹如何維持公司員工身分，並改善財務狀況的方法。

人們支付金錢是為了取得他人指示的代價

現在討論的話題與奴隸相關。人們一生中最大的支出，就是「為了得到別人指示的費用」。讓我來詳細解釋一下，這是什麼意思。

當我還是一名上班族、在當業務的時候，曾經把營業額從原本的一億日圓提升到兩億日圓。

……但是儘管如此，我的年收入只增加了約一百萬日圓（哭）。

照理來說，營業額增加了一億日圓，估算起來最少也應該有三千萬日圓的利潤。然而，我只得到其中的一百萬日圓。

那剩下的二千九百萬日圓到哪裡去了呢？

這是因為這部分的錢變成社長、部門主管等「給自己下指令的費用」，以及公司內部營運所需的「儲備金」。

假設是我個人賣出同樣產品，為公司賺了三千萬日圓，那其餘的兩千九百萬日圓就是自己支付給公司「請下指令給自己的費用」。

然後，假設我自己開了一家章魚燒店，所有的營業收入都歸個人所有。買車、添購設備，到能開始營業賣章魚燒，所有的利潤都是自己的收入。但是，如果我加入一個連鎖加盟店品牌，有半數的營業額將被抽走，這是因為連鎖加盟品牌會教你「如何成功銷售的模式」。

要怎麼調配美味的食譜？要怎麼烤章魚燒才會好吃？如何選擇設備器材？該怎麼設定價格？品牌商標設計等所有相關事項，都由連鎖加盟品牌為你規劃妥當，而之後營業所得中的抽成分潤，即是支付這些經營店鋪相關知識或心得的費用。

因此，只要自己沒有設計出成功的商業模式，都必須一輩子支付「代替思考費用」給已經打造出成功經營模式的人來獲取他們的指示。

只有那些自己思考商業模式，並展開行動創業的人，才能獲得全部的利潤。

你可能會想，「這樣的話，那現在的我該怎麼辦呢？」

沒關係！如果你已經寫下「欲望清單」，就踏出了第一步。

可以透過之後我將介紹的法則，充分展現欲望的力量，慢慢栽培灌溉富裕的幼苗！

自己和周遭都能變富裕的金錢法則

其實自己理解這個世界上金錢的本質，也僅僅是三年前的事。

那是在我搬到杜拜的一年前，也就是二〇二〇年的事。

剛開始，我透過閱讀各種關於金錢的書籍吸收相關知識，結果首先了解現在的日本社會是一個資本主義國家。當然在知識理解上，以前就知道這一點，但並沒有親身體會。

當真正了解資本主義社會的運作模式後，我發現賺錢其實並不困難。

而且我們只要有屬於各自的「欲望清單」，就可以用有趣且適合自己的方法賺錢！

那麼，如何在這個世界上賺錢呢？接下來，會詳細講解這個資本主義世界的基本前提和運作模式。

應該了解的基本前提和四個機制

我們現在生活的這個世界上所謂的「有錢人」，其實是那些「資本主義遊戲」中的贏家。

就像運動或棋類遊戲有規則和勝敗一樣，資本主義的運作也有明確的規則，並且有贏家和輸家。

換句話說，賺錢這件事和運動、遊戲極為類似。

例如在足球比賽中，用腳射門進球即可得分，得分較多者獲勝。但如果參賽者不知道這些比賽規則，用手碰球或沒把球踢進球門，就不可能獲勝。

同樣地想要在賺錢，即「資本主義遊戲」中成為贏家，就必須要先了解規則，並遵守規則參賽。

但是，學校、家庭甚至在某種場合下的職場環境，幾乎沒有人會教我們「資本主義遊戲」的規則和贏得勝利的方法，像前面所述的內容一樣，日本社會的教育體制是教導每個人怎麼當一個勞動者、過勞動者的人生而已。

所以知道「資本主義遊戲」規則和獲得勝利方法的人非常少。

因此，很多人才會誤以為「自己沒有賺錢的天分」。

其實只是不知道規則而已，就像其他運動一樣，只要知道規則並加以練習，就會發現其實贏得勝利並不是件難事。

各位可能會覺得「獲勝很困難」，但只要練習，一定會愈來愈上手。

然後，如果目標是達到每年幾千萬的營業額，也就是像在棒球界裡不需要成為職業聯盟的選手，只要達到相當於中學生棒球社社團的水準就十分足夠。

譬如參加了一年的桌球社，你一定比那些沒參加過的同學要會打桌球吧？同樣道理，如果每天適度練習資本主義遊戲，大多數人都能實現年收入幾千萬到一億日圓的目標。

而想要成為職業聯盟的選手，相當於擔任一個股票上市公司的創業者，這並非是每個人都需要追求的目標。

明明只要多加練習，多數的人就可以贏得這場遊戲，很多人在遊戲開始之前就因為缺乏這些知識而放棄。

這樣實在太可惜了！
所以先理解規則，再去嘗試吧！

什麼是「金錢的基本前提」？

為什麼只有資本主義可以在全世界蓬勃發展並持續盛行呢？

那是因為資本主義是**以人類的「欲望」本性為基礎架構而設計的體制。**

在資本主義的世界中，通常能滿足人們的欲望者就能賺到錢。

換句話說，**擁有大量的金錢就是證明你不僅滿足了自己，也滿足了許多他人的欲望，這是使他人感到快樂和幸福的證明。**

而且擁有大量金錢後，你也能付錢給

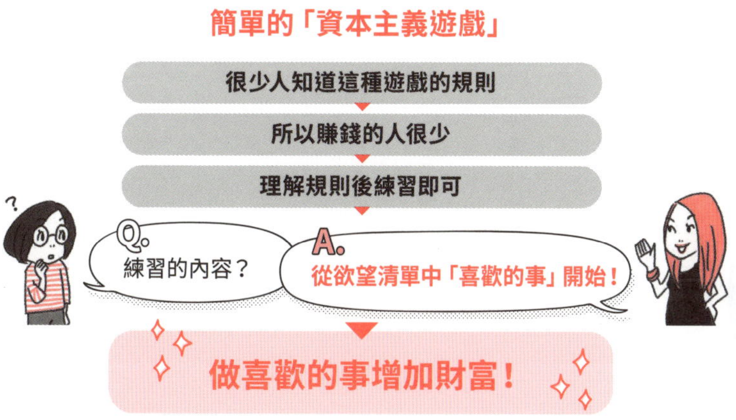
簡單的「資本主義遊戲」
很少人知道這種遊戲的規則
所以賺錢的人很少
理解規則後練習即可
Q.
練習的內容？
A.
從欲望清單中「喜歡的事」開始！
做喜歡的事增加財富！

更多人，使自己和周遭的人都同時變得富裕。

機制① 提供人力、物品、金錢等資本者能賺到錢

資本主義的機制是，實際自己動手做事的人並不是賺大錢的人，而是那些打造出讓人們可以工作的狀態者，才能賺大錢。

為什麼不動手工作的人，反而賺大錢呢？

那是因為他們承擔了風險。

首先，「承擔風險的人即能獲勝」是資本主義的第一個特點。

以本書為例，即使我身為作者拚命努力寫書，也只能拿到一〇％的版稅，其餘的九〇％則分配給出版社和書店等。

這也是資本主義的機制，因為出版社承擔了出版本書的風險。

在本書上市之前，他們不知道這本書未來的銷售狀況如何？但仍然投入編輯、印刷、管理、行銷等有關出版上的人力和物力風險，所以他們能賺到錢。

書店也是一樣，他們先投入書店店面或倉庫等建築物的租金、庫存書籍和流通成本等的風險，所以能比作者賺更多。

機制② 先投入資金再回收

資本家會先投資勞力和時間，然後再回收金錢。

這種「先投資」的行為，是資本家和勞動者的差別。

勞動者的遊戲規則是，自己做多少工作就賺多少錢；而資本家的規則是賺進讓自己資金「發揮作用」的報酬，而不是自己的勞力成本。

即使辛苦揮汗工作的是勞動者，但持

先投入資金再回收的例子（書籍方面）

	先投入資金	可以回收的金額
作者	內容	10%
出版社	編輯、印刷、業務、市場行銷等	60%
書店等	土地成本、租金、管銷費用等	30%

有大量股票、實際上什麼都沒做的股東，卻能獲得更龐大的收入。這樣一來，即使收入再高的公司員工，實際上也是為了讓資本家變得更富有而工作，不是為了自己。勞動者在資本主義中只是配角，「資本家才是這個社會的主角」，這就是資本主義社會的基本模式。

因此，要在資本主義遊戲中獲勝，必須「以資本家的身分生活」。所以慢慢從勞動者轉變為資本家，是非常重要的關鍵……。

「我沒有可以先投入的資金，所以無法成為資本家。」如果你這麼想的話，**即使沒有先投入金錢，也有很多能成為資本家的方法**，請繼續往下閱讀吧！請不用擔心。

機制③ 有錢是讓許多人獲得幸福的證明

錢不會自己來到你面前，是很理所當然的事。

基本上，錢只能從他人那裡取得。

那麼，什麼時候能從別人那裡獲得金錢呢？

答案如同前面第一五九頁中提到的「基本前提」，就是當你讓他人感到快樂或幸福，滿足他們欲望的時候吧！

因此，各位首先要在腦中植入「讓他人幸福」的想法。

這樣一來，之後錢自然會來到你手中。

再次強調，賺取大量金錢是自己讓許多人獲得幸福的證明。

但似乎許多人有「賺錢是不好的行為」、「從別人那裡得到金錢是搶奪的行為」的想法？我以前也是這樣。

但金錢不是想要奪取就可以獲得的東西。

我自己的講座課程也只有那些「想購買」的人才會付錢。只有從那些想要付錢的人身上才能賺到錢。

機制④　不是爭奪利益，而是讓大家都獲利

各位知道經濟學之父亞當・史密斯（Adam Smith）在一七七六年出版的《國富論》（*The wealth of nations*）中提倡「欲望為善，富裕對大眾有利」的說法嗎？

在日本，這樣的想法可能會被冷眼相待，但我明確相信這是讓世界變得幸福的方法。

讓我用更容易理解的例子來說明。

麵包店用一萬日圓買花，花店老闆用一萬日圓剪髮，理髮店用一萬日圓買麵包。經過這一輪交易後，請問各位覺得最後留下了什麼呢？

每個人手中的錢還是原來的一萬日圓，和一開始的狀況並沒有改變。但他們不都有其他的收穫嗎？麵包店擁有美麗的花，花店老闆變得更漂亮，理髮店也能享用美味的麵包。

沒錯！在最初的一萬日圓之外，他們還得到了一萬日圓以外的事物。

因此，資本主義實際上不是眾人爭奪有限的利益，而是一種能拓展利益規

模的架構。

當有人付出金錢時，不是因此有人受到損失，而是**透過拓展消費的範圍和循環，讓每個人都享受利益**，這就是資本主義的架構。

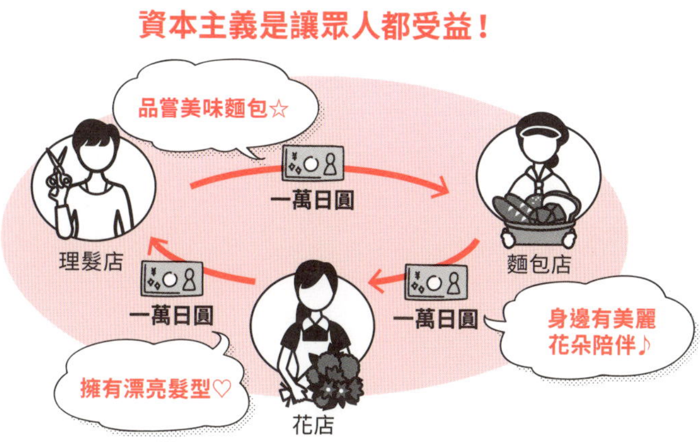

沒有錢也能成為資本家的方法

有人會說「我想成為資本家，但現在沒錢」。

沒關係！**資本不一定要是金錢**。

只要先付出自己擁有的時間、勞力、知識……等這些可代替金錢的事物，都可以讓你成為一位出色的資本家。

以我自己為例，寫部落格是一個很好的開始。

撰寫部落格這件事讓自己「先提供資本」，讀者因為喜歡閱讀部落格的內容，促成了感情諮詢的機會，進而以開辦講座和研討會，甚至是出版書籍的形式轉換成金錢的酬勞回到自己身上。

重點在於，用你自己喜歡、擅長、感到有興趣的事情，讓他人稍微感受到幸福。

或許剛開始得到的回報可能不是金錢，也許是感謝、好評口碑的宣傳、或是推薦給他人等形式的報酬。

但這些回報都能確實提升自己的經驗和增加資本。

然後，將增加的資本再投資。

如此一來，下一次所獲得的回報會比最初的更大。

重複多次這樣的過程，自己能提供的價值和獲得的回報將會不斷增加。

你只需要持續做自己想做的事情，就能進入一個知識和金錢持續不斷增長的良性循環。

創造財富和喜悅的循環

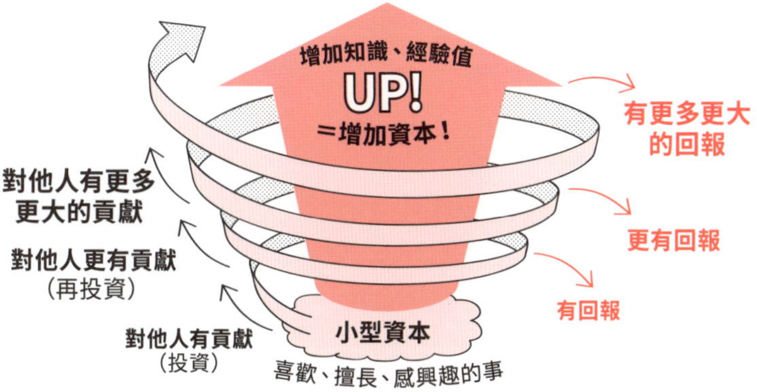

如何將目前的工作、生活變成自己的資產？

在這裡，想問各位一個問題，「你現在所做的事，是想為自己累積資產的嗎？」

或許你會問，這是什麼問題？至今為止，你所做的每一件事，以及未來你將著手參與的每一件事，都會成為「自己的資產」。例如：

如果你不喜歡辦公室的文書行政工作，卻還是持續下去，那麼這種工作經驗就會變成你累積的資產。同樣地，如果你不喜歡打掃卻還是持續做，這種經驗也會累積成自己的資產。

與其如此，不如**現在就做自己想做的事，愉快累積資產才是有效率的選擇！**

要做到這點的第一個步驟，就是停止做那些自己不喜歡的事情，專注在真正想做的事上，這才是關鍵所在。

如果你努力完成不喜歡的工作並達到一定的品質，別人會認為你能勝任這類工作，並且會再把這些不喜歡的工作交給你，結果你的資產便會在這些不喜歡的工作中累積。

但是**如果你在不喜歡的工作上偷懶，別人會認為「你不適合這類工作」，這些工作就不會再找上你。**

相反地，當你努力做好喜歡的工作並提高工作品質時，對方會被你的表現感動，並且會再次把這類的工作交給你。如此一來，你就能在自己喜歡的工作中不斷累積資產，並從中獲得更大的回報，進入一種良性的循環。

首先，減少耗費資源在自己不喜歡或不擅長的事情上，將這些資源投入自己喜歡和擅長的事物吧。

徹底愛上自己喜歡的事情，並持續不斷地去做，並試著告訴周遭的人「這是自己喜歡和擅長的事」。

如果不趁著自己還年輕，也有時間、體力、腦力、行動力和應變各種突發狀況的彈性，去挑戰自己想做的事情，就等於扼殺了能培養成自我資產的「資產幼苗」。

累積資本、成為資本家這件事，乍聽之下或許感到困難，但如果用**「分享自己的快樂」**這樣的心態去思考，實踐起來會更加簡單容易，而且也許更容易想到好點子。

不要讓剛才寫下的欲望只是成為一場夢，覺得「能變成這樣的話該有多好～」就結束了！為了你自己和周圍重要的人，一定要努力實踐！

只要一年，就能讓人生有截然不同的轉變。

其實有簡單的必勝絕招！

這個世界上雖然還存在著共產主義和社會主義的思想，但現在，全世界完全以資本主義為基礎。

透過持續不放棄且確實昇華人類自我的欲望，讓人類社會充分發展，能更容易且快速、更大量的實現自我欲望，這即是資本主義的系統架構。

首先，不要放棄自己內心「更想要這樣做」的欲望。

這正是讓自己和他人幸福，並推動人類和社會進一步發展的關鍵，這就是資本主義的本質所在。

也就是說，資本主義遊戲的必勝絕招，就是「擁有明確的欲望，並確實地實現」。

我後來能夠賺到錢，也是因為停止壓抑自己的欲望，坦誠釋放自我而已。

那些認為「差不多有錢就可以」的人，只會得到比「差不多」更少的錢。只要當你開始擁有「我這個也要、那個也要，還想要那個！」的時候，你才有可能獲得更多。

在資本主義的世界裡，一個人能獲得多少錢，不是由才能、時代或環境決定，而是由你擁有多少強烈的欲望來決定。

讓我開始意識到這一點的關鍵，是開始寫部落格的時候。

在此之前，無論做什麼都無法持續、也沒有任何改變的我，為什麼因為寫部落格而改變了呢？那正是因為透過撰寫部落格的「方式」，光明正大地把自己平凡的面貌攤在陽光下，開始以自己原來的模樣生活。

如果要說我剛開始寫部落格時，有什麼意識到的事，我只能確定自己沒有特殊的天分或能力，不知道自己能做什麼、想做什麼；但儘管如此，我深知「一般人的幸福絕對無法滿足我」。

無論是育兒還是工作，我做的都是世俗眼光認為錯誤甚至會受到批評的事情，但我只優先考慮自己的欲望，而不是社會一般的認知，並持續透過部落格向全世界宣布**自己到底想過什麼樣的生活？**

隨著持續不斷地發文，周遭的人開始稱讚「小田桐小姐很有魅力呢」。那時的自己意識到，**坦然面對自己的內心、順著強烈的欲望生活，才是「活得像自己」和自己「獨一無二的魅力」**。

剛開始寫部落格時，我根本沒想到這樣做會有什麼發展或結果，更別說最後自己竟然因此而創業這種完全不曾思考過的事。

以前，我反而覺得創業應該是神才會做的事。但是，

- **有沒有什麼能賺錢的事呢？怎樣才能過得更好？**
- **我知道自己沒有才能和能力，但即便如此，我也想過得好一點！**
- **想個辦法讓我實現願望吧！**

正因為我如此忠於自己的欲望，反覆嘗試錯誤，才有今天的成果。

減重也是一樣的道理。雖然我喜歡吃美食但不想運動，便想著會不會有這樣的減重方式？在持續尋找之下，學會了適合自己的飲食和運動方法，並在半年內減掉超過八公斤的體重。

只有實際動手努力達成目標的人，才有辦法實現自己的願望。

剛開始，除了欲望之外，一無所有的自己。

然而，因為我重視且堅持自己的欲望，光明正大的以自己本來的面貌生活，才能抓住自己的理想。

所以，首先要承認自己是一個「有強烈欲望的人」。

並且不要對此感到罪惡，相反地應該**將強烈的欲望視為自己的天分、是獨特的魅力和自我，不要掩蓋隱藏，而是應該多加磨練、充分發揮。**

其中的祕訣是，即使周遭的人都說「那種事絕對不可能喲」，也不應壓抑自己的欲望並繼續追求。

請各位毫不猶豫地實踐自己每一個任性的夢想。

以自己的力量滿足自我且得到幸福——

這正是讓身旁的人能獲得幸福的最佳捷徑。

再一次強調，自己變得富足，是為了讓身旁的人也變得富足。

擁有強烈欲望並不是壞事，而是一件很棒的事情。

經濟學之父亞當·史密斯……
擁有強烈欲望
是件好事，變得有錢
是為了讓眾人獲得幸福
──他提倡。
國富論
Adam Smith
我找到
資本主義遊戲
的必勝技巧啦!!

第 5 章

當公司職員也能做到的增加財富準備和建議

B前輩能找到自己喜歡的事真好！
要是我也能兼個差就好了！但是我連自己喜歡什麼都不知道。
A小姐，你現在要回去了嗎？
C小姐
拍
你知道今天晚上小田桐麻氣小姐有免費的線上直播嗎？
我是小田桐麻氣
欸？這樣啊！
今天晚上老公說有聚餐，會晚回來，應該可以去看——
那要不要來我家吃晚飯，我們一起看啊？我家很近喔！
我家在這！

多謝招待！
原本想說我要煮飯的，結果幾乎都是A小姐在準備，真不好意思。
用冰箱裡現有食材作的義大利麵
鮪魚沙拉
妳速度超快，而且很樂在其中的樣子！
在煮水的時候準備沙拉，運用煮義大利麵的時間調醬料…
剁剁剁
唰
攪
唰！
因為我很懶，所以一直都在嘗試要怎麼省事又快速的做出好吃的菜！
便當裡也幾乎都是做好的常備菜喲！
太厲害了！我都抓不到料理的技巧…
煮完飯後流理台更是恐怖…

今天晚上要和大家分享當公司職員也可做到的增加收入準備和建議喲！
正好適合我們
啊！開始了！
晚安
原來……
在各位之中……
公司職員是最強的非勞動所得
譬如說……
也可以用不起眼的小事賺錢
……
眼鏡都掉下來了
一定有吧
去模仿你覺得最機靈的人
那要做什麼……
不需要開社群網站
是的是的

剛剛我才因為「自己怎麼會有可能多賺錢」而情緒低落
但現在我也想來試試看——！
哇！那妳教我怎麼做常備小菜好了！
要做什麼好啊？♪
其實我快要跟之前的那個男友一起同居了…♡
之前的那個!!
要住一起嗎？
好啊！♡
欸，但是，懶人料理行嗎？
可以啊！
每次我都覺得A小姐的便當看起來好好吃～一定一定要教我唷！♪
A小姐的懶人便當

公司員工是最強的非勞動所得

第四章中提到，公司員工是現代版的奴隸，但這並不是說公司員工本身不好或是最好現在立刻辭職。

再次強調，只要是「自己選擇」的這條路，那麼成為公司職員，當然也是完全沒問題。

因為換成另一個角度來看，公司其實是**讓你一邊做自己想做的事又能一邊賺錢的地方。**

是的，公司是「你可以累積自己資本的地方」！

抱著「我將來有想要做的事情，因此我需要練習」這樣的想法，在公司裡把自己想做的事、想提升的技能當作工作來練習，同時還能賺到錢。

那麼，你在公司裡有機會練習自己想做的事嗎？

如果沒有，請看看我的著作《我選擇，生活中只做想做的事》的第六章。

其中有關於如何重新審視工作內容，與上司和下屬的互動以及換工作時的心態等內容，這些應該都會有所幫助。

另外，對於那些已經有想做的事但覺得「時間不夠」的人，建議你在辦公室裡，利用工作時間處理這些事情。

畢竟在上班時間裡，八個小時內沒有全在拚命工作，薪水也不會因此減少吧？稍微休息一下，去自動販賣機買飲料、去便利商店，或者和座位旁邊的人聊聊天，薪水還是照發。

即使坐在自己的位子上寫部落格，像是只要使用表格計算或電子郵件軟體，只要不要太誇張，一般來說也不會被發現，也不會因此減薪。

在自己的座位上更新社群軟體的發文內容或整理手機裡的照片等事，在自己的座位上進行也完全沒問題。

甚至可以在二手市場的應用程式上處理已出貨商品的相關問題。

尤其在這個時代，在家工作更是方便（笑）。

從這個觀點來看，其實公司職員是一種可以簡單獲得被動收入的方式。

在這裡我想表達的是，**即使在公司工作，仍然有很多選擇。**

因此，包括換工作在內，各位也要自動自發的選擇工作，善用公司這個環境。

公司是最佳的練習場所

學網球的情況

需要付學費給網球學校才能練習

公司的情況

依自己的狀況不同，可以進行各種練習。而且還有錢拿！

- 製作簡報資料、跑業務、團隊合作
- 演講、行銷、製作網頁、活動企畫等

在自己喜歡的
工作上多花時間，
累積自己的資本！

「為什麼再怎麼升遷還是個奴隸？」的問題

到目前為止，我寫了很多關於公司員工是奴隸、是非勞動所得等話題的文章，但其實沒有什麼是絕對正確的選擇，只要是自己作的決定並且感到幸福，那麼一切都將是正確答案。

但儘管如此，甚至有些人明明自己不喜歡，還是很難改變自己或是工作方式，或是也有人覺得「我真的很討厭工作，但不得不做」。

為什麼會這樣，其實就是以下三點原因：

①覺得自己沒有選擇的權利
②即使被告知有選擇權，卻覺得「我什麼都做不了」，因此放棄
③覺得「自己沒有才能」

很多人來問我「我想辭掉工作，但我什麼都不會」，我心裡總是覺得「這

不是很理所當然嗎？因為你從來沒有練習過！」

對這樣的人，我希望他們能理解一個事實，就是「在這個社會上，是要練習才能學會的」。

累積資產這件事，其實就是不斷地練習。

沒有人從一開始就什麼都會，這是千真萬確的事實。

「人生並不是由才能決定，而是由你練習了什麼而決定。」這才是真理。

這個社會上有許多人認為，人生是由「有才能與否」來決定。

然而，天賦才能對人生的影響比例，其實微乎其微。

無論是職業鋼琴家、歌手、運動員，所有被認為有天賦的人都進行大量的練習，且沒有例外。

只要練習，大多數的事情都可以達成。

你無法做到，只是因為你沒有練習而已。

我甚至認為，天賦才能這些反而和能否達成目標沒有關係。

做有趣的事情就能成為資本

「我愈想找到自己喜歡的事持續練習，就愈找不到」如果你也有這種想法，可能是把事情想得太複雜。

想要找像做瑜伽或打網球等這些讓人覺得很上流社會的事物，或者是能讓別人稱讚「很不錯！」的事物，或者是看起來像會被社會認可的事物……

……這些都不是重點！！重點在單純只做讓你感到快樂享受的事並堅持下去。例如：

- **如果你喜歡寫文章，那就寫文章、**
- **如果你喜歡與人交談，那就持續與人進行對話、**
- **或者你想要提高說話技巧，或是希望能夠對別人提出的問題有精彩的回應、**
- **只要是你想要能做得更好的事情都可以**

不過，需要注意以下事項。

當你想要公開練習成果時，有很多人會想著「等到變成某種等級的人物之後再發表」，或是「等到做得更完美之後再發表」。

例如寫文章或製作影片時，會想要「變得更專業之後」、「變得更會寫之後」或「剪輯得更完美之後」才公開。如果要等能夠達到這些標準，恐怕過得再久也無法有所進步。

所以就是要在未完成的情況下公開！這是唯一的方法！

我自己在面對任何事物，也都是透過練習的心態來完成。

像現在我的讀者社群已經有多達一・三萬人。在這個社群經營的線上直播，一開始也是因為自己想要「提升說話技巧」而

這樣練習是OK或NG

✕ **練習不擅長的事、討厭的事**
絕對無法贏過擅長這件事、喜歡這件事的人

〇 **練習喜歡的事、想要更進步的事**
這樣才能持續不懈。也才能更進步。

開始的練習。

目前經營的 YouTube 頻道，最初也是為了自己練習編輯影片才開始。

當有人問我：「你為什麼能那麼流利地回答問題呢？」

最近，觀眾們常問我上述的問題或這樣讚美我，但其實只要練習七年，任何人都可以做到這個程度。因為我也只是單純的練習而已！

早期的 YouTube 影片中，還可以看到我講得比現在差很多的模樣。

並不是要等到自己變得很厲害才開始，而是可以因為想練習就隨時開始。

所以，各位也可以很單純地持續做自己覺得有趣的事情，並且輕鬆地將它分享出來吧。

嘗試一次「輕鬆賺錢」

「我想要錢，但根本不想工作。」

有這種煩惱的人，可能是你對「工作」的認知範圍太過狹隘。

大多數的人是因為在自己認知中「所謂的工作就是如此」，對「工作」的定義很狹隘，只是不想做這個範圍的工作而已，也不是真的「完全不想工作」。

那麼，我現在是如何工作賺錢的呢？

舉例來說，如果我在社群網站上發現一個有魅力的人，覺得「想和這個人聊聊天！」，我就會試著聯絡這個人問說「要不要一起聊聊呢？」。

既然都聊天了，就把雙方對談的記錄發布在頻道上。

這樣一來，對我來說這就是個工作。其實就像「和想聊天的對象一起喝個茶而已」，因為公開了這段對話的過程，所以能賺錢。

另外，像是拍攝自己在高貴名牌店購物的影片並上傳到 YouTube。乍看之下

就只是單純的購物而已，但對我來說，這也是工作。

這樣一想，你不覺得「工作」的範圍比你想像得寬廣很多嗎？「不想工作」的想法，有沒有因此有改變了呢？

促成我創業的契機，也是因為自己本來喜歡當朋友的感情顧問，後來只是把這件事標上價格，開始收費而已。這一切原本只是因為自己喜歡且樂在其中的感情諮詢，在部落格上加上一行價錢後，最後就從零圓變成了一萬五千日圓的收入。

而令人驚訝的是，我只是在部落格的結尾加了「九十分鐘的諮詢服務費一萬五千日圓」這一句話而已（當然在細節方面，還需要製作申請表格和支付費用的頁面，但如果不想自己做，也可以外包給別人）。

原本喜歡做的事情，結果變成了工作。

各位不覺得是一種超級輕鬆賺錢的方法嗎？

自己目前在經營的講座課程，雖然周圍的人也會說「好辛苦啊」、「看起來很忙呢」，但對我來說，非常輕鬆。

上課的次數大概是每三個星期上兩次課，包括學生提問、回答問題的時間每次約三個小時。

因為全程都在線上進行，所以就是在一個半星期內，只需要花三小時在自己家中或旅行的地點講講話而已。

而且講的內容都是自己想分享的事，這對我來說就像和朋友出去聚餐喝酒時說「我是這樣想的！」沒有什麼不同。

只要公開地做這些事，每年就能賺進四億日圓，這難道不是超級輕鬆的工作嗎？（笑）

工作是……？

✕ 為了某種事物拚命、努力、勞心勞力

○ **為對自己做起來感覺輕鬆有趣的事，試著標上價格**

像和朋友喝個茶或聚餐喝酒的程度也OK

金錢會以更輕鬆的方式，且更大量的進入自己的口袋

每次談到這些話題，總會有人表示「為自己現在做的事情定價錢有點可怕」，沒錯，這確實很可怕。

所以，大家都不願意做、願意嘗試的人很少。因此，只有那極少數勇於嘗試的人，才能以這種方式賺到錢。

只要克服這種恐懼，你也能開始賺錢。（關於恐懼的部分，請各位一定要參考第二一六頁、第二二四頁的內容！）

你認為最奸巧的人是誰？

覺得「但是，我根本沒有什麼『能輕鬆賺錢的方法』！」的你。
有沒有曾經看過別人賺錢的方式，覺得「這樣賺錢太狡猾了吧！」。
那個人很可能正是在實現對你來說「輕鬆賺錢的方式」。

「輕鬆賺錢」的意思是，將自己不費心力就能完成的事情賦予價值。即使有人因此感到憤憤不平，但一定也會有一樣多的人，不，甚至是更多的人，「感謝你提供這些服務」。

每個人對感到奸巧的標準，都不盡相同。
對自己認為辛苦付出來賺錢的人，你並不會覺得對方狡猾吧？
所以，當你覺得某人「輕鬆賺錢很狡猾！」時，這正是「對你來說輕鬆」的賺錢方式。

不要批評對方，建議能抱著「向對方學習」的態度試著仔細觀察。並趁機向他們請教那些輕鬆巧妙又奸詐的賺錢方式吧！

相反地，千萬不要模仿那些辛苦工作賺錢的人。

一開始可能會覺得「努力賺錢的人真了不起！」但「辛苦的事情」無法持續。生意的關鍵在於，持續經營。

為了能讓你好不容易才開始的事業能夠持續下去，「能輕鬆賺錢」的方式非常重要。

做些沒什麼用的小事也可以賺錢！

那到底要怎麼輕鬆賺錢呢？
我來介紹幾個我周遭的例子。

知道這些例子的人，經常會跟我說下面這一句話：
「原來可以靠這些沒什麼用的小事賺錢啊！實在太令我驚訝。」
各位請務必仔細閱讀下一頁的內容～（爆笑）

另外要說的是，社會上其實有很多人靠著「一般常識裡認為應該不會賺到錢的事」來賺錢，甚至也可以說在一般企業裡也有類似的情況。

「是否沒什麼用？是不是有用？」這件事，和「本質上有價值與否」可以

說完全毫無關聯。

例如菸草產業。儘管「香菸有害健康」已經是全人類皆知的事實，但它仍然是一個龐大的產業。

另外，現在已經成為大企業的A公司，以前也是靠「垃圾郵件」賺錢。

像這樣，有很多大企業一開始也是靠一些「看似沒用的事情」來賺錢。

其實，即使某些事情看起來「沒有用」，但只要你自己或別人對這些事情有需求並願意付錢，那麼對這些人來說，這件事就有價值。

另外，很多人會與「已經在做自己想做的事情的人」相比，因為自己的品質不夠好而煩惱，遲遲無法開始執行。

沒什麼用(!?)的工作範例

- 上班族摸魚講座
- 二手商品販售方法
- 自拍講座
- 郵輪搭乘體驗講座
- 付費講座參加經驗分享會
- Canva使用方式教學
- 付費午餐會
- 商務艙搭乘體驗分享會（5000日圓）
- 投資漫畫Investor Z重點整理會（1000日圓）
- 支付籌備者費用
- 分享小田桐麻氣小姐來我家作客經驗的線上沙龍（2000日圓）
- 分享去杜拜拜訪小田桐麻氣小姐的經驗線上沙龍（5000日圓）

但是這樣的心態，其實必須留意。

這樣的你關心的不是「客戶」，而是「和自己同行的業者」。

我之前曾經說過，能不能賺錢的關鍵在於「能讓對方感受到多少幸福」。

因此，在意「自己比別人多優秀」，完全和能否賺錢的基本重點無關。

許多人以為只有「高知識和高技術水準」才能讓人幸福。但事實上，有很多會成為客戶的對象在「一開始的步驟」上就遇到了困難。因此，**現在的你「能比其他人稍微多會一點的東西」，就可以讓很多人感到幸福。**

舉個例子來說，我認識一個朋友是寫「Excel 使用方式」的部落客。

剛開始，他寫一些專業又複雜的公式。但有一次寫了一篇「複製和貼上的方法」，結果這篇變成點閱率最高的文章。

是的！即使你自己覺得基礎到「沒什麼用處」的資訊，從整個人口比例來看，想要了解這些資訊的人其實最多。

再仔細想想，所有人類中，誰沒有搜尋過「要怎麼複製和貼上」呢？

再舉一個例子，是「和服的穿法」。

有一位猶豫不決的女性朋友說：「我會自己穿和服，但沒有相關代理教師的證照，所以沒辦法教別人怎麼穿。」

我問她：「如果你要學穿和服，你會特別去找完全不認識的名師學嗎？還是會先找身邊會穿和服的朋友開始學呢？」

你會怎麼選擇呢？對我來說，我會先想從自己的朋友那邊輕鬆地開始練習。等自己真的想認真鑽研這項技能、也比較熟練之後，再去找名師學習。

在這樣嘗試換位思考後，你有沒有發現**「自己認為比他人優秀很多這件事，在對方眼中有多麼地沒價值」**？

第三個例子就是我自己。

剛開始，自己也因為前面提過的付費戀愛講座居然有人會參加，覺得「居然可以用這種沒什麼用處的東西賺錢啊……」而感到非常訝異。

當初一位讀了我部落格的好友邀請我舉辦講座，我一開始認為「我哪能開什麼講座」而想拒絕。但朋友說了以下的話：

「小田桐小姐！妳只需把寫在部落格裡面的內容再重新口述一遍就好。參加講座的人，只是想聽你親口再說一遍而已。閱讀部落格裏面的文字內容，和實際上從小田桐小姐口中分享出來的事物，價值完全不同」。

即使我在免費的部落格裡寫過完全相同的內容，不過，只要從我口中說出來就變得有價值。

聽了這些話後，我還是半信半疑。但實際上，真的因為有付費參加講座和喜歡聽我分享的人，才讓我有今天的成績。

「比別人稍微上手」即可賺錢

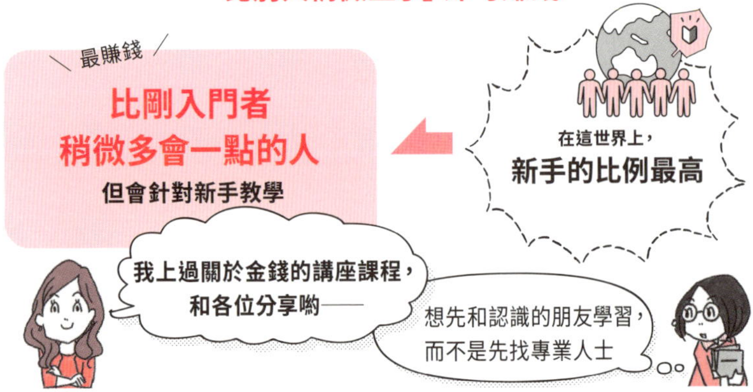
最賺錢
比剛入門者
稍微多會一點的人
但會針對新手教學
在這世界上，
新手的比例最高
我上過關於金錢的講座課程，
和各位分享喲——
想先和認識的朋友學習，
而不是先找專業人士

常有人問：「我還是一直覺得這些事情真的太沒用了，真的可以賺錢嗎？」
其實，這種想法也不需要有什麼改變。

因為決定生意的價值，不在於它有多麼了不起。
只要能讓購買的顧客感到幸福，無論什麼方式全都是正確答案。

把經營事業當成是給朋友的禮物

這裡的問題在於「提供服務給周遭的人，或收取他們的費用，讓人感到很不好意思」的這一個門檻。但是，正如我在第三章中提到的，金錢不會自動來到你身邊。

如果你想要賺錢，只有唯一一個方法，就是「向他人索取」，這是最基本的前提。

你可能會覺得「這樣做太愛錢、太厚臉皮了，我做不到！」

但請想像一下：

當朋友送你生日禮物時，會毫不猶豫地接受吧？

那麼，如果那禮物是商品兌換券呢？

接受商品兌換券不就等於接受金錢嗎？

而且，從父母或親戚那裡得到的零用錢或壓歲錢，以及公司發的薪水，不也是公司的人給你的嗎？

基本上，不會有人想要送生日禮物給討厭的人吧？

你也不會說「我超討厭這個傢伙，但我想送他生日禮物！」

- **交情好且相處於愉快的人**
- **非常照顧你的人**
- **之後想要更親近的人**

但你會想要送禮物給以上那些你覺得有好感的人吧？

如果對方對你沒有好感或感激之情，他們也不會給你禮物。

這個道理在金錢方面也一樣。

如果你不被人喜愛或感激，也就無法得到金錢。

零用錢是因為父母喜愛自己而給的。

連薪水也是愈受公司喜愛、表現愈出色的人，薪水就愈高。

也就是說，如果你想賺更多更多的錢，結果也是成為一個「愛人也被他人喜愛的人」即可。

我認為做生意就是在理解人性。

- **對方怎樣才會感到開心？**
- **為了實現理想，在煩惱些什麼？**
- **在哪裡遇到瓶頸？**

能盡全力理解以上三點，且全心全意讓對方感到幸福的人，自然而然地，錢就會來到你身邊。

首先，為身邊的人送上「幸福」這份禮物，當他們感到開心時，你也會收到「金錢」這份回禮。

用這樣的感覺經營自己的事業吧！

做生意就像是挑選禮物

因為對方很忙，
所以選能節省時間
的美容電器吧！
送一款實用的廚房家電，
對方應該會感到開心。
送一件奢華高級的名牌，
也許對方能突破自己
以往的風格。

感情諮詢餐會
小田桐小姐
你聽我說～!!
嗯嗯
我是這樣覺得～
這，這個
能標上
價錢嗎？
以前覺得
Ameba部落格
諮詢費
90分鐘¥15,000
啥？這，這樣可以嗎？
真假？

第6章

以「有錢人心態×小田桐流」，享受豐富的人生！

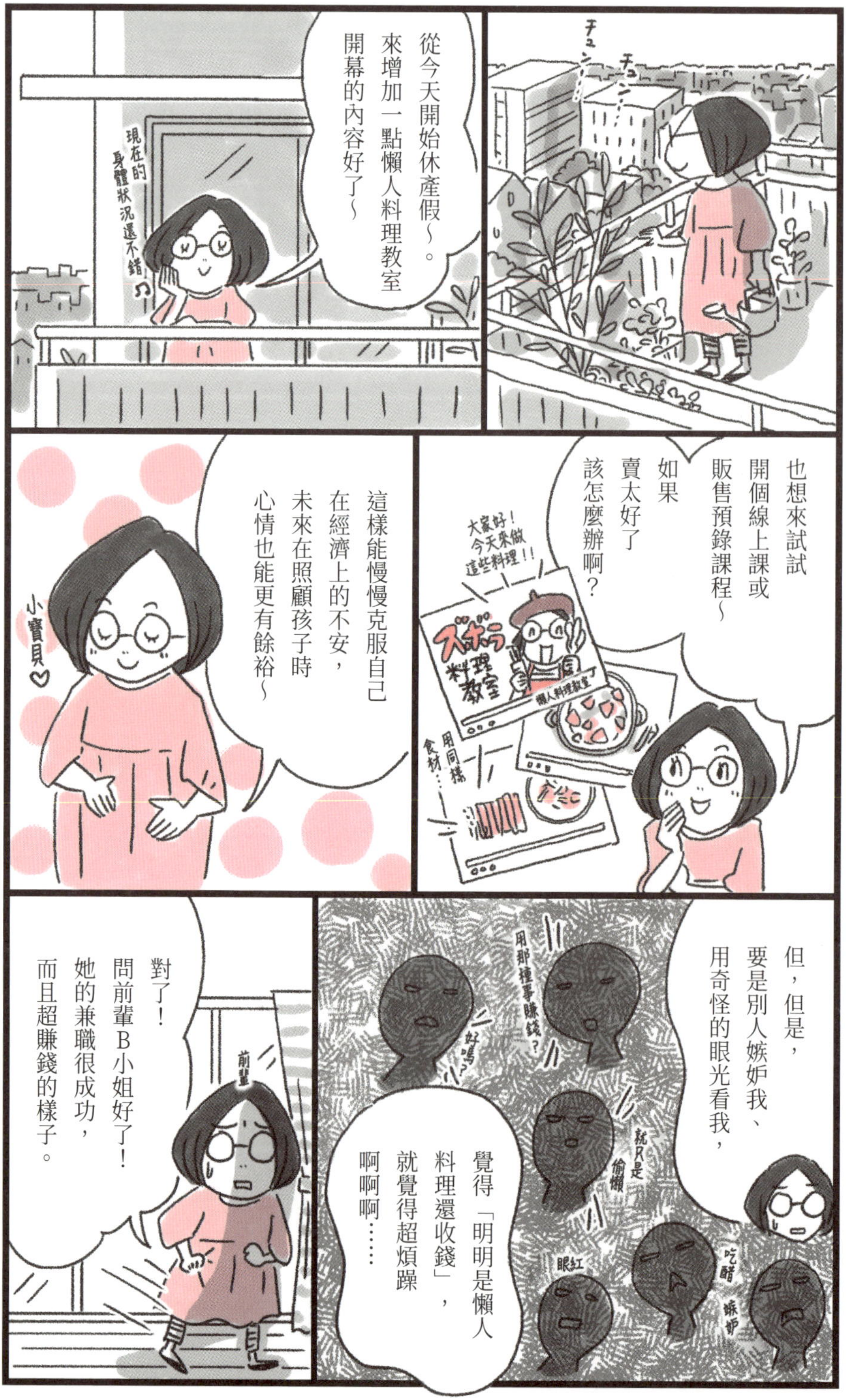
チュン
チュン
從今天開始休產假～。來增加一點懶人料理教室開幕的內容好了～
現在的身體狀況還不錯♪
也想來試試開個線上課或販售預錄課程～如果賣太好了該怎麼辦啊？
大家好！今天來做這些料理！！
ズボラ料理教室
懶人料理教室
用同樣食材⋯
這樣能慢慢克服自己在經濟上的不安，未來在照顧孩子時心情也能更有餘裕～
小寶貝♡
但，但是，要是別人嫉妒我、用奇怪的眼光看我，
用那種事賺錢？
好嗎？
就只是偷懶
眼紅
吃醋
嫉妒
覺得「明明是懶人料理還收錢」，就覺得超煩躁啊啊啊⋯⋯
對了！問前輩B小姐好了！她的兼職很成功，而且超賺錢的樣子。
前輩

啊！我也曾經想過同樣的事呢！
我懂 我懂
但是知道小田桐流的心態設定後，就能以輕鬆的心情面對。沒關係的！
這樣呀！
那我就安心了！♪
對了！前輩最近在部落格上寫了兼職的年收入增加了很多！
那已經存到退休後安心養老的金額了嗎？
加油!!
現在開始我要為退休生活存錢！不會再擔心！
我之前是以這個為目標啦！但現在我已經知道這樣做沒什麼意義了～
所以，這次我們全家會去一直想去的國家，長期旅行喔♪而且父母也會一起去！
什，什麼——!?
這我一定做不到！會覺得浪費錢！

但這是和孩子一輩子的回憶，還能確實提高家人們對人生的滿意度。
好棒 好棒
好開心喲
第一次出國
如果把這個當成是廣義的投資，之後也許會以其他令人開心的方式賺回來呀～這樣。
喔喔喔！原來如此！
我懂了!!
而且我還可以在當地直播「國外懶人料理」、
國外的超市好有趣
今天不開火煮飯，
用這個罐頭！
回國後試著重現國外的料理，拍成課程影片，也許會很有趣呢～我開始亂亂想了～
這一定會大賣的！
天啊！太期待了！♪

是吧？是吧？♪用小田桐流，讓人生充滿美好！
好喔！♪
對了對了！C小姐之前也說想了解兼職和創業的事情！我們要不要聚聚？
雖然已經跟高規格男訂婚，但還是想在經濟上和心理上擁有自由！所以想準備兼職！
閃亮亮
堅決
OK！那我把從小田桐小姐那裡學到的事分享一下！
原來如此
筆記筆記
哇！好期待我家一年後的樣子！
再連絡唷！
OK!!
1年後…
我們決定在夏威夷舉行結婚典禮
典禮後將舉辦小型宴會。
敬請蒞臨指教。
我們三個女生也一起在嚮往的飯店裡聚餐吧!!
C小姐

誰都可以月入百萬日圓！

這一章節中，我會和各位分享我對B小姐的建議，包括「什麼才是賺大錢的心態」、「如果周圍的人這樣看妳，自己該如何思考」以及「賺到錢後該怎麼使用」等等。

希望給那些想認真投入經營副業或創業行列的人參考。

首先，要知道經營事業有一定的規則可循，只要按部就班照規則去做，誰都可以在幾個月內賺到一百萬日圓左右。

你可能會覺得「不可能，不可能啦！哪有這麼容易的事～」

我一開始也覺得只有神才能做到，一般人若沒有才能或很強的運氣，不可能實現。

但我自己卻做到了，而且也因為太常聽到上過我講座課程的學生們說：「剛

聽到時會覺得這是騙人的！但實際上卻很快達成！」所以我現在確定任何人都可以賺到錢！

- **如果你賺不到一百萬日圓，原因只有一個「你沒有做能賺錢的事」。**
- **相反地，賺到一百萬日圓的原因是「你在做賺錢必須做的事」。**

那些不成功的人，是因為他們的作法錯誤。

我們的學校教育教導學生「不可以模仿他人」。所以我想有些人應該會不喜歡模仿別人。

但做生意時，可以模仿成功者的方法。

模仿賺錢者的行為，一年後也能有所成
棒球
請對方教擊球時的正確姿勢並照樣做。
ABC
英文
如何和會說英文的人用同樣的方式說英文。
開車
如何和會開車的人用同樣的方式開車。
生意
作生意也一樣！
要怎麼和成功賺錢的人做相同的事

而且可以這麼說，如果你不模仿那些成功的人，就無法賺到錢。
賺不到錢的人、作法錯誤的人，都是因為用自己的方法去做才失敗。
就像用自己的方式開車，會出車禍一樣，用自己的方法做生意也是出事的原因之一。

做生意就像開車。沒有人一生下來就會開車吧？
但是大多數人只要去駕訓班上課，就可以學會開車。
這不需要特別的天賦或特別的幸運。
做生意也一樣，只要多加練習和累積經驗，總有一天一定會成功。

順便一提的是我沒有駕照，所以我覺得開車比經營事業還要困難許多！

那為什麼常聽到「在這世界上只有一小部分的人能夠成功創業」呢？
那是因為挑戰創業的人數本來就少。
就像有汽車駕照的人很多，但有駕駛飛機執照的人就很少吧？創業也是相同道理。只是因為「創業的人」這個群體本來就少，但那些勇於嘗試的人大多

都成功了。

不過，我的講座課程學生裡，也有人是「參加了三個創業培訓課程卻還是沒賺到錢」。

這些人的特徵通常可以歸納成以下兩種模式：

①自己本身沒有累積足夠的實際經驗。

②像學開車一樣，明明有步驟，但他們沒有按部就班地去做。

所以，各位要注意的是一開始不要認為「自己做不到」！

如果你認為自己做不到，那就真的做不到。如果你認為很難，那它就真的很難。

首先要試著改變心態，告訴自己「即使我沒有天賦，但也應該享受更多、更美好的生活」，「我值得擁有更幸福的生活、更美好的回憶」。

所有美好的未來都將從這裡展開。

練習大幅提升金錢的優先順序、不再在意他人眼光

我經常感受到「沒有想要賺錢的人，其實並沒有那麼喜歡錢。」正如我在第一章曾提過到，大部分的人對金錢並沒有太多執著。我們應該更加專注於金錢和賺錢的相關事務上，而不是責備自己對金錢的喜愛和追求。

我之所以能賺到錢，是因為自己坦然面對「想要錢」的想法，並且為此採取實際行動。此外，我也不再堅持自己的作法和一些瑣碎小事。

另一個重點是自己的心裡也不會再在意「做這種事會不會很丟臉啊」、「會不會讓人覺得我很愛錢」等想法。

如果總是在意他人的眼光，怎麼有可能會賺到錢呢？

為了賺錢，我幾乎什麼都肯做。
如果你不先提高賺錢在自己心中的優先順序，就無法賺大錢。

那些沒有錢的人，通常錢在他們的人生優先順位等級中排名很低。
我認為他們往往更在意別人怎麼看待自己，或者自己是否感到開心。
還有很多人會認為「像我這樣的人不可能賺到錢」。

會這樣說是因為我經常建議為了能「製造出運用喜歡的事賺錢的時間」，可以請專業的家庭清潔人員服務。但有人會說「我沒辦法為家務清潔付一千三百日圓」。這不就是代表他們認為自己連一千三百日圓都賺不到吧？
舉個例子來看，如果家庭清潔費用是每小時一千三百日圓，而妳的時薪是一千五百日圓，那麼實際上，妳還能多賺二百日圓。冷靜下來想想，這樣是有賺到錢的。

但為什麼，還是拿不出這一千三百日圓呢？

即使自己能賺到這筆錢還會產生猶豫的心理，這其實是個告訴自己「我是個時薪一千三百日圓以下的人」、「我無法賺到一千三百日圓」的舉動。說的更嚴重一點，這是在給自己下詛咒，告訴自己「我是個賺不到錢的人」。

就像我曾經多次提到，許多人認為為了解決對金錢的焦慮而必要儲蓄，但其實有存款也無法消除這種焦慮。

我要再次強調，只有成為「就算沒有存款，無論何時自己都能好好生活」的自己，才能真正解決對金錢的焦慮。

遇到困難時，只要能低頭向人借錢或者向政府機關申請社會急難救助，就能解決金錢上的焦慮。

老實說，低頭向人借錢其實比賺錢更容易（笑）。

調整好自己的心態，讓自己隨時都能放下自尊、向他人低頭，不再理會他人的眼光！

我好像已經開始聽到很多人七嘴八舌地說：

「要我向別人借錢，還說要申請社會急難救助，這也太丟臉了！」（笑）

現在這個社會上真的有許多容易覺得丟臉、不好意思的人。做自己想做的事覺得丟臉，只要出個聲音說自己「喜歡這個」也覺得丟臉。

但靜下來仔細想想，這個社會上其實並沒有那麼多真正丟臉的事情。

「只要拋開容易覺得不好意思的心，金錢就會源源不絕地進入口袋」，我真的這麼認為。

所以第一件要做的事，就是慢慢降低自己覺得「不好意思」的門檻。剛開始可能會覺得非常不安和焦躁，但只要能做到「在困難時能低頭的自己」和「隨時能賺錢的自己」，甚至能達成其中之一，就可以成功解除對金錢的焦慮不安。

錢會花光的用法與不會花光的用法

各位是否仍然覺得「花錢＝讓錢減少的行為」呢？認為花錢會讓錢消失，最後甚至會導致破產。很不幸的是這樣的人在花錢時，全都弄錯了方法。

簡單來說，錯誤的花錢方式就是「沒有回報的支出」。像已在前面章節提到過、以有錢人的思考模式來說，如果在支出一萬日圓時，沒有注意到付了這一萬日圓後能帶來的收穫，那麼只會陷入錢愈變愈少的窘境。

此外，很多人認為「大手筆投資就能回本」或者「自己在這個方面的知識不夠，那個知識也得去學」，於是把錢花在考取證照或參加課程講座上。但即使投入大量資金學習各種知識技能，也不一定能賺到錢。

能賺到錢的方法，是付出自己的勞力讓他人感到幸福的時候。第一件要做的事，是不要認為自己現有的知識「還不成氣候」，而要「展現出來」。可以透過和他人分享、撰寫文章或者親自動手實踐。先不要害怕別人說自己「不夠好」，而是要試著把學到的東西展現出來。如果沒有這樣做，總是要等到很完美後才想大顯身手，這樣的人反而都是遲遲無法行動，很容易學著學著哪天就安靜無聲地消失。

不要覺得自己現在還不夠好，哪怕只是件非常微不足道的小事，也要先把學到的東西全部展現出來。

這樣多少有一些收穫之後，再運用所得進行下一步投資。各位要學習這種良性的循環。

另外一點，女性往往容易忽略實際數字上的計算。自以為「總有辦法解決」，但其實「並沒有辦法解決」（笑）。

其實，就連我自己也曾有過逃避現實數字計算的時候。

那就是在第二十一頁提到的，在我二十幾歲的時候揹著信用卡貸款的年代。當時我覺得「利率這種事好像很複雜難懂，不想多研究，就糊裡糊塗地去申請了信用卡貸款」，現在回想起來自己當時的思考太單純，才會變成揹上兩百萬日圓債務的下場。

當時，我從多家公司各借了二十到三十萬日圓，但我從未仔細正確計算過借款的總金額、利率分別是多少、幾月幾日之前還錢的話，還款總額就會變成多少等現實面的問題。

不過，當我運用計算軟體製作表格，清楚標明每月還款多少金額、什麼時候可以完全還清這些細節後，竟然從那個月就可以開始還債了!!

覺得數字很複雜，利率很難懂，實際

不管是金錢，還是體重計，首先都要認真面對

不想看到所以不看
▶變成很嚴重的事…
認真面對
▶了解要改進的地方！
無法認真面對金錢的問題
這和某件事有點像。
對了！就是
體重計(笑)

上要去算這些數字很無聊……。

但這些正是要靜下心來仔細計算的重點！

我多次強調，以錯誤方式花錢的人——

就是單純支付金錢沒有考慮回報的想法、也沒有思考其中的優點，或隱藏於其中的價值，並且持續逃避精確數字計算的人。

以前我也是因為不想學金錢方面的知識，才會以信用卡貸款的方式借錢。如果我多學一些關於金錢和利率的知識，很容易就能看出應該選擇其他方法而不是去借信用卡貸款。

最推薦的借錢方式無疑是有很大可能不用支付利息的「向父母借款」。但即使不向父母借，也有很多低利率的貸款可以選擇。

例如，自己居住地區的個人融資等，可以以一・八%左右的低利率借到約一百萬日圓。

從試著調查理解這些資訊開始，才是認真面對金錢的開端。

如何應付無法接受他人得利者的酸言酸語

曾認為有錢人是壞人、狡猾的人

我在這三十年之中都一直認為「自己無法掌握金錢」。因此，我一直覺得那些有很多錢的人不是因為「含著金湯匙出生」，就是因為「有特殊才能」。那些「沒有吃過苦卻擁有很多錢的人，一定很狡猾」。然後，我深深相信「自己家境普通，既沒有長得特別漂亮，也沒有特殊天分，沒有錢也是理所當然」。

在這時，當我二十幾歲的時候，開始出現了一些相同年代的人，利用社群媒體等方式靠自己的力量賺錢。當時的我對這些人的看法如下：

- 有錢＝可疑！
- 輕鬆賺錢的人＝詐騙！
- 他們一定是做了什麼狡猾、無法公諸於世、見不得人的勾當
- 不然努力生活的人怎麼都不會成為有錢人呢？這也太蠢了吧？

但實際上，我很羨慕對那些賺到錢的人。

「小田桐，你不要有一天被抓走喔！」

「有錢人是壞人」這種大眾深信不疑的迷思，很可能是受新聞傳播媒體的影響。

例如，逃稅這些事情，這些與我們自己毫無關係的第三者所發生的事。也不是因為誰知道了就對誰有利，但卻成為新聞報導的內容。看了這些新聞，就會覺得那些有錢人一定是做了什麼壞事和狡猾的勾當。不過，冷靜下來思考，很多犯罪行為也不是只有有錢人才會做，而國民個人所得的巨大差距造成的貧富懸殊，才是犯罪的溫床。

當我開始以一對一感情諮詢服務賺到錢時，最讓我感到震驚的是周遭朋友的反應。

有位學生時代的同學居然對我說：「小田桐，別哪天被抓了喔！」

甚至我的母親也擔心地對我說：「別遭人怨恨然後被殺了呀！」

大家心裡一定都有下面這種假設吧？

「小田桐開始賺錢了！一定是做了壞事！」

但其實從那時起，我便透過部落格等全世界都可以看得到的社群媒體發布消息，告訴大家「多少錢可以報名參加我舉辦的講座」、「參加人數有幾位」，並公開舉辦講座的內容報導。

因此，要說我賺錢的方式和收入金額，任何人只要稍加計算應該就可以馬上知道。

在這種情況下，怎麼有可能做什麼壞事呢？

但是由於大家都有「賺錢就是做壞事」的預設立場，所以無論是朋友還是家人，都對我說了相同的話。

各位都是這樣說服自己的吧？

- **我不想改變現在的自己，不想過得太辛苦或有太尷尬的回憶**
- **對現狀已經很滿足，普通的生活剛剛好適合我**

因此，他們希望「如果自己無法致富，希望至少我周圍的人也不要順利、不要得到利益。」

即使自己吃虧，也不願讓他人獲利。

根據大阪大學的研究，當要求參與實驗者進行一個團體製作共有財產的遊戲時，日本人和美國人或中國人相比，有更會拖別人後腿的傾向。

對了！日本最大服飾電商ＺＯＺＯ的創辦人前澤友作先生曾經在推特上進行「贈送現金」的活動。看一下裡面的留言，有不少人都提到「有人拿到錢真是太不公平、也太狡猾了！我這麼窮，應該給我錢才對！」這樣的想法。

不知是不是因為這些留言增加，讓前澤先生感到厭煩，現在已經停止這個活動。留下這些言論的人應該沒有意識到他們的行為，反而讓自己吃虧吧？

另外，各位曾聽過「自己的年收入是自己周圍最親近五個人的平均值」這個說法嗎？

這種說法是指當周圍的人收入增加時，自己的收入也有可能增加。

因此，當周圍的人收入增加時，不應該嫉妒，而是應該感到高興，這樣才是健康的心態。

不應該嫉妒別人獲利，**而應該專注於如何讓自己和周圍的人都能獲得最大利益，這樣財富才會增長。**

對積極追求財富者有什麼看法？

以前曾有人問我這樣的問題：

「我參加的一個商業團體的前輩舉辦一場聚餐活動，只是要一起喝個飲料而已，除了餐點的費用之外，還要另外收五千日圓的參加費。對同一個團體內

的成員收錢，我覺得這個人也太愛錢了吧？小田桐小姐，你對這件事有什麼看法呢？」

對這件事我的回答如下：「認為前輩應該免費分享這些他花錢獲得的知識和經驗的你，才是真的愛錢吧？」

當有人認為你是金錢狂熱者時，實際上，他們才是更看重金錢的人。

賺錢之後只會存錢，無法過得幸福

因為這是一件超級重要的事情。所以各位請允許我再次提出對日本傳統儲蓄文化的觀念感到憂心。

日本人被稱為世界上最喜歡存錢的民族，截至二〇二〇年十二月為止，每個家庭中的個人存款總額已超過一百兆日圓。

此外，根據 Basement Apps 株式會社在二〇一九年進行的調查顯示，有六二％的人回答「獎金的使用方式是儲蓄」。

不過，我認為儲蓄並無法讓人生過得幸福。相反地，**我深深相信只看銀行存款戶頭數字有沒有增加的人，人生反而會變得不幸。**

儲蓄並非「能完全安心」的終點

拒絕了朋友的邀約、也不去憧憬已久的地方旅行、不買想要的東西，只為了讓自己心安而拚命儲蓄，那有錢並沒有帶來任何一點好處。

許多人因為擔心萬一將來生病、碰到意外或是遭遇天災人禍時而儲蓄，但再怎麼努力存錢，也不會有絕對「安心穩當」的一天。

因為，儘管你再怎麼努力存錢，恐怕還是完全不足以應付昂貴的最新醫療科技費用！

而且，如果把一億日圓花在高額的醫療費用上，也只能每天躺在醫院病床上喘氣呼吸而已。

若真是就這樣過世了，那一億日圓也只是沒用的廢紙罷了。

為了要存錢，有很多想做的事硬是忍耐下來，但結局卻像前面那樣也太令人傷心嘆息。

既然這樣，提早把這些錢花在年輕時的那二十到三十年，花在能「讓自己的人生更加幸福」的事物上，不是更好嗎？相信自己的孩子也會這麼想吧？

因此，我認為為了那份茫然的「心安」，把「存錢」當作人生目標，將自己的寶貴時間和勞力優先投注在「存錢」這件事上，只會帶來不幸。

也有不需儲蓄的生活方式

在上述內容中已經提過，日本人儲蓄至上的背景在於「太過在意他人的想法」。多數人想要為這個所謂「萬一」的情況存錢。若深入探討為什麼許多人會對「萬一」感到恐懼和不安，其中的主要原因是什麼呢？

「萬一」我沒錢，我覺得可以向很多人說「今天請讓我借住一晚」、「請讓我吃頓飯」、「請借我錢」，向他人低頭拜託撐過去。各位因為礙於自尊心，拉不下臉而無法這樣做。

如同之前已多次提到過，在日本有優秀的社會福利、破產制度和優秀的醫療保險，但很多人因為在意他人的眼光怎麼看待自己，為了不必向別人低頭，就拚命存錢。

因為覺得說「我沒錢了」是一件丟臉的事，才會忍耐著不做現在自己想做的事，努力忍受痛苦，犧牲很多東西來存錢。

我再重申一次，如果不在意別人怎麼看你，就不需要存錢，也不必為任何事情感到恐懼。

與其為不知何時到來的「萬一」，還有那時的自尊心或不好意思而存錢，還不如現在有效的運用金錢，人生將會更加充實。

讓人生更加幸福的最佳金錢使用方式是？

那麼，究竟該如何使用金錢才好呢？

在前面的第二章中，已經稍微提到一些相關內容。現在當我猶豫要不要購買昂貴物品時，會這樣思考：

「買這個東西之後，能讓我一年後或十年後的人生變得更好嗎？」

即使把錢不斷存進銀行帳戶，很遺憾的是人生並不會有任何改變。

錢如果守著不使用，只是單純的數字罷了。

例如，也有很多人在面對昂貴的學習費用或旅行開支時，感到十分猶豫「花這麼多錢好嗎」。但請想想，不做任何事情的人生和學習新事物、認識新朋友，獲得新啟發、改變人生觀的嶄新自我，以上兩種情況，在一年之後哪一種會變得更好呢？

而因此有所改變的自己在十年後，與

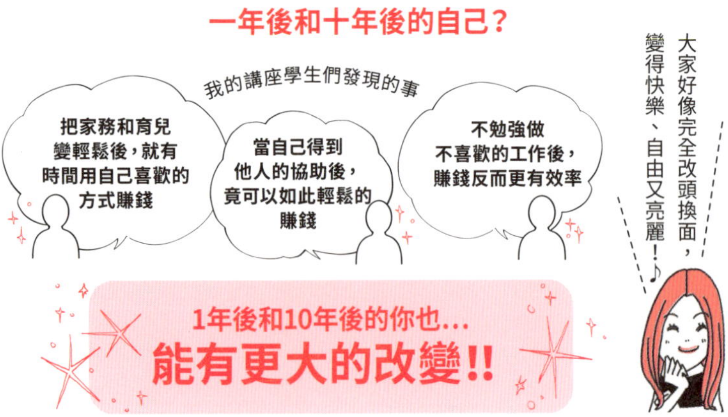

一年後和十年後的自己？
我的講座學生們發現的事
把家務和育兒變輕鬆後，就有時間用自己喜歡的方式賺錢
當自己得到他人的協助後，竟可以如此輕鬆的賺錢
不勉強做不喜歡的工作後，賺錢反而更有效率
1年後和10年後的你也…
能有更大的改變!!
大家好像完全改頭換面，變得快樂、自由又亮麗！♪

什麼都不做的自己的十年後，這兩者之間會產生多大的差異呢？

世界頂尖的投資家華倫・巴菲特也說過：「為了退休後或偶發的緊急狀況而忍耐不去做現在自己想做的事，就像是把性愛留到老年再享受一樣。」

與其把錢存進銀行，不如拿來投資自己，這樣的性價比更高，也是最佳的金錢使用方式。

未來的十年，你的人生會發生多大的變化呢？實在令人非常期待。

如何才能長期獲得令人滿意的「紅利」？

在這裡，我想分享一種能在人生中長期獲得回報的花錢方式。

這種方法是可以讓你多次回想起「當時的那個決定實在太好了！」，並且在每次回想起來時，都能帶來愉快心情的用法。

舉例來說，你花了五十萬日圓和家人一起去夏威夷旅行。若把五十萬日圓當作五天內旅行所花的費用來計算，可能會覺得有點貴。

但實際上，這筆錢並不是只有花在五天的旅行上。因為這次旅行會讓你**一輩子回想起來都覺得「那真是個美好的時光啊！」，並且能多次和家人或朋友一起開心熱烈地討論、回味和分享那時的愉悅、幸福。**

正因如此，我儘量將錢花在那些能夠長久回憶的體驗上。花錢買東西，雖然購買的當下會很開心，但之後物品本身的魅力會逐漸消失，後來能再回想「當初有買這個真好」的機會其實很少。

而回憶，可以讓妳之後反覆回味當時「那個經驗真是太棒了～」的無比幸福感受。

當我這樣想時，我重新深刻地體會到自己的父母在人生中所剩下的時間，和我們自己在生命中所剩的時間，兩者有著極大的差異。

所以，我決定送給公婆一棟房子和一輛車。

目前外甥還年幼的這段時光，無法重來。所以去年我送給妹妹和她的先生、還有寶貝外甥一棟寬敞的房子，還有一輛她們全家人都能坐得下的車，讓她們全家可以一起度過這段快樂的時光。

還有，我也認真思考了自己退休後的金錢規劃。

在妳離開這個世界時，就算有一億日圓的存款，一分錢也帶不走。

很多人認為「必須為退休存錢！」，但實際上，退休後你可能已經無法像現在這樣率性自在地行動，也無法進行和現在相同的旅遊體驗。其實你真正想要的是「現在」出發去旅行，但即使為了將資金留到退休後而忍住這個念頭，也無法再擁有和現在相同的體驗。

你想去的地方和想做的事情，隨著年紀的增長，都絕對不會再和年輕時一樣湧現相同的感動和熱情。

請試著想像一下，當妳成為老奶奶，身體也不再能那麼靈活自如的到處行走。若要說在那個時候將會剩下什麼呢？應該也只有「回憶」了吧？

也許八十歲時無法去夏威夷旅行，但如果能拿起以前去夏威夷旅行的照片回想著「那個時候，還真是開心啊！」那才是非常幸福的時刻吧！**你的幸福回憶和快樂的時光，是任何人都無法奪走、會一直陪伴你到人生最後一刻，是你最珍貴的資產。**

從年輕時開始，多花錢在只有身體健康時能擁有的體驗上。

我認為，這才是真正為退休後的幸福時光著想、真正體現金錢價值的使用方式。

金錢絕對無法買回時間。現在擁有的一百萬日圓和退休後的一百萬日圓，這兩者的價值完全不同。旅行、美食和一輩子難忘的感動體驗，這些都是讓人不由自主想要和他人分享的美好經驗。

會讓其他人好奇地問「那是什麼啊!?」的那種體驗，**絕對無法低估那些經**

驗的價值。我總是一邊想著「感謝這些錢，讓我能有這種興奮快樂又期待的心情」，然後繼續把錢花在「唯有現在才能做的事情」上。

我也希望各位能意識到金錢帶來的回報，也請各位把錢花在能銘記於心的經歷上吧！

無論是現在的你，還是未來的你，都一定會因此變得更加幸福。

雖然以上都是我的想法，但我也曾經有過在花錢方式上非常後悔的例子，那就是在我十幾歲的時候。

當時，朋友們計畫去義大利旅行，但只有我自己一人為了存留學費用而沒能一起前往。

其實，我從小學開始就對義大利十分嚮往，特別喜歡那裡原產的起士，尤其是莫札瑞拉和帕瑪森起士。

在當時，這些起士並不常見，所以每當有機會品嚐時，都會非常珍惜的小口小口細細品味，夢想著有一天能去製造出這種起士的國家吃個夠。

當朋友旅行回來，分享照片並告訴我「莫札瑞拉起士多到吃不完還有剩」

的時候，我真的很羨慕。

隨著時光的流逝，三十七歲的我終於有機會去義大利旅行，好不容易能品嚐到當地的莫札瑞拉起司。但當時的我發現「這個！不是和我在家裡附近超市常買的產品同樣味道嗎？」。

在這二十年間，全球食品的運送系統有大幅度的進展。義大利產的莫札瑞拉起士已經不再特別，已經變成在住家附近要買多少都能買到的普通商品。

因為把期待樂趣的感覺延後，等到真的能享受那種情境時，反而失去了當時期待的心情和快樂。

這個經驗，讓我至今仍感到遺憾。

它再次提醒我不要因為覺得浪費錢這個原因，而把快樂和體驗延後。

還有另外一個後悔的例子。也許各位會覺得我很煩人，但因為真的覺得很後悔，不希望各位再有同樣的經歷，所以請各位再耐著性子聽我說一下。

這是在長女四歲左右的時候。當時她非常喜歡麵包超人，有一次去玩具店時想要買麵包超人的玩具。

但我覺得「就算買了也很快就會厭倦」，所以沒有認真回應她的要求，也沒有買。但是半年後，她在另一家玩具店再次看到同樣的玩具，又要求買。

我才意識到「她那時不是一時興起，是真的想要啊！」當時覺得非常後悔。早知是這樣的話，當時買給她就好了。若那時買了，她這半年都可以玩那個玩具。

現在已經八歲的女兒喜歡上了 iPad，也不再需要任何玩具。仔細想想，能喜歡麵包超人玩具的時光，也就是那一瞬間而已。

我們也是一樣，如果當時不去享受，那個機會就再也不會回來。

只有令人印象深刻的用錢方式，才能帶來無法衡量的豐富回憶

金錢不僅可以為自己留下難忘幸福的回憶，若是用在**「為他人留下回憶」**，這樣的幸福感更是加倍。

在《別把你的錢留到死：懂得花錢，是最好的投資——理想人生的9大財務思維》（*Die with Zero*）一書中提到以下內容：「如果不能與家人一起享受共處的時光、有共同的生活體驗，那麼即使賺很多錢，也等於沒有給孩子最珍貴的東西，剝奪了他們最珍貴的寶物。」例如：

- **想把更多錢花在孩子身上，所以增加工作時間，想賺更多錢**
- **想為孩子留下更多錢，因此節省開支，不使用專業的家庭清潔服務**
- **結果就是更勞心勞力，產生更多忍耐，與孩子在一起時常常感到煩躁，最後還會忍不住大發脾氣罵小孩，事後又感到自責……**

這種認知上的差距，時常發生在親子之間。

正因為深愛著孩子，自己覺得這樣是最好的決定而發憤努力工作而產生的差距。

許多人因為這樣的煩惱來找我商量時，總是讓我感到痛心。

解決這個問題的方法，看起來也很矛盾，就是不要先考慮孩子，而是先思考要怎麼讓身為母親的自己有更多笑容、活得更加幸福。

要相信孩子自己有能力獲得幸福，並努力為自己創造幸福。

當我這樣想之後，發現自己更想要和孩子一起愉快的體驗更多事物，而不僅止於在平凡的日常生活中長時間相處。

平時我幾乎沒有在處理三餐、洗衣、上下學接送等，關於照顧孩子的日常瑣事。

因為親自參與這些事，我自己也不會樂在其中，對孩子來說也不會留下什麼幸福的回憶。所以我從孩子年紀還小的時候，就熱衷於辦各種活動或旅行等等「印象深刻的難忘體驗」。為了和孩子們一起享受這樣的經驗，到現在我一直努力賺錢。

孩子還小，能和家人一起愉快相處的時光，看似漫長卻稍縱即逝。

我覺得與其把金錢留到將來，不如現在就多花錢在這些無法重來的家庭時光上。

因此，當孩子們還小的現在，家庭旅行的第一優先目標是「孩子們能夠玩得愉快的地方」。我自己想去的地方可以等她們長大後再去。

像是有兒童專用滑水道的泳池，或可以和動物親近的動物園等，這些地方等孩子們年紀稍長，也不會再感興趣了吧？

這樣一來，也不會再有機會去那些地方一起玩了。

在這樣有限的時間裡，我希望能與女兒們創造許多美好的回憶。

不希望因為金錢的關係，而放棄創造這些回憶的機會。

什麼是你自己，或是與重要的人，在人生中最想要的體驗呢？

在這世界上，只有一個獨一無二的自己。而這件事是如此獨特的自己想要做的事，所以十分重要。

將無比美好的體驗送給重要的自己，和自己所愛的人吧！

真的有可以實現所有願望的世界!!
HAPPY BIRTHDAY
做喜歡的事、
和喜歡的朋友
一起工作
和先生、孩子一起
相處的幸福時光
和可以帶來
全新想法和刺激的
成員一起出國旅行
我曾認為
婚姻就是
人生的墳墓…

結語

結語

「金錢不是一切」，這句話雖然是事實，但實際上大多數豐富的人生經驗都可以透過金錢取得。

我很慶幸自己沒有放棄賺錢，也很慶幸沒有放棄自己和家人的人生。

我以前曾經認為孩子出生後，會變得很不自由。

但女兒出生後，我因為煩惱工作和家庭的平衡而選擇創業。

此外，為了女兒的教育，竟然實現了全家移居國外的夢想。如果沒有女兒，這一切都不會成真。

她讓我的人生有許多的體驗，讓我的人生變得更自由、幸福和多采多姿。

平時，我的女兒都由全日到府保姆負責照顧。

早上叫醒起床、準備早餐和便當、換衣服、準備學校用品、接送上下學、準備晚餐和刷牙等，全都是保姆負責。

我在家的時候大都忙於工作或自己的事情，與女兒的互動也只限於聊聊天或擁抱一下，更別說因為旅行或出差的關係，經常不在家。

日本人總愛評論他人的育兒方式，尤其很多人喜歡對完全不認識的人說三道四吧。

所以我這樣的育兒風格，遭受到十分多的批評。

但是在任何家庭中，最了解和關心孩子的應該是父母吧？每一個母親即使在不停的煩惱和碰壁之中，都是在一步步地摸索、用心養育孩子。

我用我自己的方式，認真摸索著怎樣為家人帶來幸福，並付諸實踐，我有絕對的自信認為自己比任何人都還希望女兒們能過得幸福。

此外，我的創業理念是「讓虐待在這個世界上銷聲匿跡，打造一個能愉快兼顧家庭和工作的社會」。

其實，家庭裡很多造成不幸的紛爭和讓人焦躁不安的事，都可以用錢來解決。雖然這樣講很容易被誤解。

若要談到為了什麼而工作？為了什麼而賺錢？工作和賺錢的目的，終究還是為了讓自己和重要的家人、朋友得到幸福。

讓我們可以在這個世界上充分發揮自己的能力、展現自我，並賺到豐厚的酬勞吧！

然後將大量的金錢用在需要好好珍惜的自己、家人和周遭的朋友身上。

聽到貧窮、霸凌、虐待等令人心痛的報導時，如果有感到同情和悲傷的空閒，還不如自己先展開行動賺錢，讓自己和身邊的人都能過得幸福。

若無法讓自己和身邊的人都獲得幸福，又怎麼會有能力來改變社會？

我相信只要每個人都有這樣的自覺，總有一天世界會朝著幸福的方向改變。

期待你的魅力能在世界上綻放光彩。
若這本書能成為其中的一個契機，我將感到無比欣慰。

小田桐麻氣

TOP
31

從低薪不順到金錢順流每一天

打破金錢詛咒七步驟，實現財富增長、開展事業、人生強運開掛！

女子とお金のリアル

作　　者　小田桐麻氣
譯　　者　陳維玉

編　　輯　魏珮丞
美術設計　謝彥如
行　　銷　鍾惠鈞
總 編 輯　魏珮丞

出　　版　新樂園出版／遠足文化事業股份有限公司
發　　行　遠足文化事業股份有限公司（讀書共和國集團）
地　　址　231 新北市新店區民權路 108-2 號 9 樓
郵撥帳號　19504465　遠足文化事業股份有限公司
電　　話　(02) 2218-1417
信　　箱　nutopia@bookrep.com.tw

法律顧問　華洋法律事務所　蘇文生律師
印　　製　呈靖印刷
出版日期　2025 年 03 月 25 日初版一刷
定　　價　400 元
I S B N　978-626-98844-9-0
書　　號　1XTP0031

國家圖書館出版品預行編目 (CIP) 資料

從低薪不順到金錢順流每一天 : 打破金錢詛咒七步驟 , 實現財富增長、開展事業、人生強運開掛 ! / 小田桐麻氣著 ; 陳維玉譯 . -- 初版 . -- 新北市 : 新樂園出版 , 遠足文化事業股份有限公司 , 2025.03
256 面 ;　14.8x21 公分 . -- (Top ; 31)
譯自 : 女子とお金のリアル
ISBN 978-626-98844-9-0(平裝)
1.CST: 成功法 2.CST: 理財 3.CST: 女性
177.2　　114002551